CHRISTIAN HOFMANN
VON HOFMANNSWALDAU

Gedichte

AUSWAHL UND NACHWORT VON
MANFRED WINDFUHR

PHILIPP RECLAM JUN. STUTTGART

Universal-Bibliothek Nr. 8889

Bibliographisch ergänzte Ausgabe 2002
Gesamtherstellung: Reclam, Ditzingen. Printed in Germany 2002

ISBN 3-15-008889-5

www.reclam.de

GALANTE GEDICHTE

ISt denn dein hertze gar erfroren?
Bist du aus schnee und eiß gebohren?
Hörst du mein seuffzen nicht /
Und was mein unmuth spricht?
Soll ich dich göttin nennen?
So nimm des himmels wehmuth an /
Der leichtlich sich erbarmen kan /
Und uns nicht ewig läst in hoffnungs-flamen brennen.

Des blutes regung zu vermeiden /
Und gantz von fleisch und blut zu scheiden /
Ist nirgends ein gebot /
Es heissets auch nicht GOtt;
Sich selber zu verlassen
Ist eine flucht / so sträfflich ist /
Und wer ihm solche bahn erkiest /
Den muß die menschlichkeit als einen unmensch hassen.

Du kanst ja deiner nicht geniessen /
Kein mund weiß selber sich zu küssen /
Der schnee auff deiner brust
Bringt dir geringe lust.
Die fleischichten Granaten
Seynd nicht allein vor dich erdacht /
Kein mensch ist vor sich selbst gemacht;
Es weiß der klügste geist ihm hier nicht recht zu rathen.

Die rose suchet ihr verderben /
Die auff dem stocke wünscht zu sterben /
  Und nur ihr gantz allein
  Meynt angetraut zu seyn.
Wilst du dich selbst begraben?
  Wer sich in sich umsonst verzehrt /
  Ist warlich seiner selbst nicht werth /
Und muß der thorheit schild an seiner grabstatt haben.

Bezwinge weißlich dein gemüthe /
Und folge zeitlich dem geblüte /
  Darein im paradieß
  GOtt selber funcken bließ;
Wer kan ihm widerstreben?
  Schau ich dein helles antlitz an /
  So fühl ich was der himmel kan /
Und wünsch auf deiner brust verparadiest zu leben.

Er sahe sie über feld gehen.

ES gieng die Lesbia in einem schäfer-kleide
  Als Hirtin / wie es schien / der seelen / über feld /
  Es schaute sie mit lust das auge dieser welt /
Es neigte sich vor ihr das trächtige gedraide;
Es kriegte meine lust auch wieder neue weyde
  Von wegen dieser brust / da Venus wache hält;
  Der schultern / wo sich zeigt der lieblichkeit behält;
Und dann der schönen schoos / des hafens aller freude.
  Ich sprach: ach Lesbia! wie zierlich geht dein fuß /
  Daß Juno / wie mich deucht / sich selbst entfärben muß /
Und Phöbus dich zu sehn verjüngt die alte kertze;
  Nicht glaube Lesbia / daß du den boden rührst /

Und den geschwinden fuß auf graß und blumen führst /
Es geht ein ieder tritt auf mein verwundtes hertze.

IHr bleichen buhler schwartzer zeit /
Die ihr die nächte zieret /
Und flammen voller lieblichkeit
Durch trübe wolcken führet /
Werfft einen strahl
Von eurem saal /
Und schaut / ob meine schmertzen
Sich gleichen euren kertzen.

Die gantze welt sinckt itzt zur ruh /
Nur meine seuffzer wachen.
Die sonne drückt ihr auge zu /
Mir meines auffzumachen.
Dort euer schein /
Hier meine pein /
Die geben zu verstehen /
Daß sie nicht schlaffen gehen.

Ihr fackeln seyd itzt hochgestellt /
Ich lieg im leid begraben:
Euch rühmt der weite kreyß der welt /
Ich weiß kein lob zu haben.
Ihr kennt kein joch /
Mich drückt es noch /
Ihr könnt die flammen zeigen /
Und ich muß sie verschweigen.

Nun Polydorus bleib allhier /
Und fechte mit gedancken.
Furcht und betrübniß zeigt sich dir
In des gemüthes schrancken.

Diß / was mein geist
Mich hoffen heist /
Vergleicht sich euch ihr sternen /
Es zeigt sich nur von fernen.

Mein sinn ist wie ein grünes land /
Da hoffnungs-blüten prangen /
Die doch des glückes falsche hand
Läst keine frucht erlangen.
Des geistes glut /
Der augen flut /
Der pein in meinem hertzen /
Ist mehr als eurer kertzen.

Ich bin ein schiff der liebes-see /
Das wind und wetter plaget /
Dem unglück / hoffnung / furcht und weh /
Durch mast und segel jaget.
Hier zeiget sich
Kein port für mich /
Dieweil ich itzt muß meiden
Den leitstern meiner freuden.

Ich weiß / weil mich die noth bekriegt
An mehr als tausend enden /
Daß Amaranthe ruhig liegt /
In Morpheus süssen händen.
Daß ihre brust
Nicht ohne lust
Wird auff und nieder reisen /
Da mich die thränen speisen.

Ihr sterne lasst das blaue dach /
Und sencket euch hernieder /
Erfüll't ihr kühles schlaffgemach /
Erwecket ihre glieder!

Verschweigt ihr nicht /
Wie meine pflicht
Mehr thränen hier vergossen /
Als sie der lust genossen.

Zeigt ihr / was Polydorus macht /
Der in dem feuer lebet /
Wie alle noth bey ihm erwacht /
Und schrecken um ihn schwebet.
Wie furcht und pein
Hier schwestern seyn /
Und dieses ihn betrübet /
Was er zu treu geliebet.

Rufft ihr in meinem namen zu:
Der Polydorus wachet /
Weil Amaranthe in der ruh
Der süssen träume lachet.
Es scheint / mein hertz
Läst solchen schmerz
So reichlich hier entspriessen /
Weil thränen mich begiessen.

Doch glaube / daß die rundte flut
Nicht ohne feuer qvillet.
Ich schwere / daß sie geist und blut
Mit tausend flammen füllet.
Wer bey der nacht
Der träume lacht /
Soll diese straff erkennen /
Er soll bey tage brennen.

DEr himmel pflantzet mein gelücke /
Er lacht mich freundlich an durch tausend holde blicke /

Er macht aus winter frühlings-zeit /
Er wirckt mir selber zeug zu einem feyer-kleide /
Ich bin von boy[1] und flohr befreyt /
Und meine wolle wird zur seide.

Ich kan den port itzt recht erreichen /
Und darff nicht um das haupt der leeren hoffnung streichen /
Mein ancker sinckt in süsse ruh /
Dein auge hat mir selbst ein leit-stern werden müssen /
Ja / mein gelobtes land bist du /
Laß mich das vorgebürge küssen.

Schlag doch nicht mehr die augen nieder /
Ist denn mein reiner schertz / Rosette / dir zuwider?
Ich bin dir ja nicht unbekandt /
Du kennest mein gesicht / und auch mein treues hertze /
Drum glaube / daß der liebe brand
Sich stärcket zwischen freud und schertze.

Wilst du dich der natur entreissen?
Diß kan die tugend selbst nicht eine tugend heissen /
Das schöne blumwerck deiner brust
Ist nicht vor dich allein auff diese welt gebohren /
Es hat es auch zu meiner lust
Des himmels ausspruch außerkohren.

Du must in dir nicht selbst verwesen /
Laß mich um deinen mund die zucker-rosen lesen
Durch einen unverwehrten kuß /
Laß doch den süssen thau auff meine lippen rinnen /
Daß durch verliebten überfluß
Die geister selbst sich küssen können.

1. Grober Flanellstoff für Trauerkleider. Aus Trauerkleidern werden Freudenkleider.

Auff ihre schultern.

ISt dieses schnee? nein / nein / schnee kan nicht flammen führen.
Ist dieses helffenbein? bein weiß nicht weis zu seyn.
Ist hier ein glatter schwan? mehr als der schwanen schein /
Ist weiche woll allhier? wie kan sich wolle rühren?
Ist alabaster hie? er wächst nicht bey saphiren /
Ist hier ein liljen-feld? der acker ist zu rein.
Was bist du endlich doch? weil schnee und helffenbein /
Weil alabaster / schwan / und liljen sich verlieren.
Du schaust nun / Lesbie / wie mein geringer mund
Vor deine schultern weiß kein rechtes wort zu finden /
Doch daß ich nicht zu sehr darf häufen meine sünden /
So macht ein kurtzer reim dir mein gemüthe kund:
Muß Atlas und sein hals sich vor dem himmel biegen /
So müssen götter nur auf deinen schultern liegen.

ARmseliger / was hilfft dich doch dein lieben?
Du liebest / was nicht lieben kan /
Des himmels schluß hat dich itzt zwar getrieben /
Doch rührst du was verbotnes an.
Die schönheit / die dein hertze sucht /
Ist des verbotnen baumes frucht.

Die hoffnung lud mich einsten zwar zu gaste /
Der neid läst aber mich nicht ein /
Die mißgunst macht mir eine stete faste /
In der viel marter-wochen seyn.
Mein paradieß ist zugemacht /
Und wird von eyffersucht bewacht.

Wer lescht den durst mir nun in dieser wüste?
Ich leide noth bey überfluß.

Was nützt der auszug engels-gleicher lüste /
Weil sie kein mund geniessen muß?
Das auge / das vergnügung hat /
Macht durchs gesicht kein hertze satt.

Ich küsse gnug / und spiele in gedancken /
Gedancken aber speisen nicht.
Manch süsser traum setzt mich in liebes-schrancken;
Was ist ein traum beym tage-licht?
Diß blendwerck schwindet wie ein dunst /
Und das ergetzen ist umsonst.

So müh ich mich mit irrwisch und auch schatten /
Und der ichs klage / lacht darzu;
Es schwärmen kaum ums licht so viel der matten /
Als seuffzer stöhren meine ruh.
Ein stetes wünschen frißt mich ab /
Und nichts erhalten bringt das grab.

Stirb / Lysis / stirb / viel besser ists gestorben /
Als ohne Phyllis gunst gelebt;
Wer so verdirbt / der ist / traun / wohl verdorben /
Wenn ihn das glücke so erhebt;
Vielleicht rührt Phyllis todt mich an /
Als sie im leben nicht gethan.

An Algerthen.

ACh! könte doch mein geist durch meine feder fliessen /
Wie gerne schlöß er sich in diese reimen ein /
Wie emsig würd' er dir die süssen lippen küssen /
Und einer biene gleich auff deinen rosen seyn.
Er würde zärtlich sich auff ihre blätter legen /
Und durch den honig-thau bald truncken seyn gemacht.

Dein purpur würd' in ihm dergleichen trieb erregen /
  So nur das paradieß zu erst hat angelacht.
Auff deinen bergen würd' er rothe beeren suchen /
  Wohin dringt endlich doch lieb und auch fürwitz nicht?
(Ich muß aus ungedult auff das verhängniß fluchen /
  So unlust stählern macht / und lust wie glaß zerbricht.)
So bleibt mein schwacher geist in seinen liebes-schrancken /
  Und kommt / wie dieser brieff / Algertha / nicht zu dir /
Verschluckt die hoffnungs-kost / und tränckt sich in gedancken /
  Was ich nicht melden kan / verdolmetscht das papier:
Wer offtmahls wenig sagt / thut allzu viel zu wissen /
  Nimm meiner liebe pfand / die schlechte reimen / an:
Du wirst das leben mir ie mehr und mehr versüssen /
  Wenn ich in deiner gunst seyn und auch sterben kan.
Du schickst mir einen brieff / geziert mit weisser seide /
  Mit gold der zierligkeit und perlen ausgeschmückt.
Und meiner der ist schwartz und geht wie ich im leide /
  Daraus die traurigkeit an allen orten blickt.
Algerthe / wo soll ich doch endlich worte finden?
  Ach! was gewähr ich dir für deine freundlichkeit.
Es will mich deine faust mit solchen seilen binden /
  Die nicht zernagen kan der scharffe zahn der zeit.
Du weist der seelen selbst die fässel anzulegen:
  O süsse dienstbarkeit / so nach der freyheit schmeckt!
Du kanst mehr lieblichkeit durch deine hand erregen /
  Als nicht in Indien das zucker-rohr verdeckt.
Wie ist dein schöner brieff doch mit zibet bestrichen /
  Und wie verschwenderisch ist deiner worte pracht:
Ein iede sylbe will nach mosc[1] und ambra riechen /
  So dich zur herrscherin und mich zum sclaven macht.
Doch zeucht vor andern mich dein redliches gemüthe /
  So wie ein heller stern aus deinem brieffe dringt.
Es rühret meinen geist und reget mein geblüthe /

1. Moschusparfüm.

Ich fühle wie sein strahl die seele mir bezwingt.
Du zeigst mir unverstellt die reinen liebes-flammen /
Das feuer / das durch dich auch mich zugleiche brennt.
Es reimt sich in der welt doch nichts so wohl zusammen /
Als wenn sich eine brunst der andern freundin nennt.
In dieser wollen wir als Salamander leben /
Die tugend trägt uns stets ihr reines öle zu:
Es wird uns noch die welt das gute zeugniß geben /
Es liebe keiner nicht so rein als ich und du.
Und können wir nicht stets der süssen frucht geniessen /
So schmeckt doch nichts so gut / als wann mans selten schmeckt.
Der wein / der mäßig muß in unsre kehle fliessen /
Hat in dem magen offt die gröste lust erweckt.
Gefahr / verbot und zwang brennt zunder zu der liebe /
Verschloßne thürme sind die sparren unsrer lust /
Erzürnte blicke seyn die schärffsten buhlschaffts-triebe /
Und die bestraffung selbst erhitzt uns geist und brust.
Der lange winter giebt dem lentz die beste zierde /
Der schönste sonnenschein kommt aus der schwartzen nacht:
Verbotne frucht vermehrt dem menschen die begierde /
Und folgen haben offt glaß zu rubin gemacht.
Wer ungestöret liebt / ist mehr als halb gestorben /
Wer täglich zucker käut / spürt keine liebligkeit.
Die speisen haben selbst den besten ruhm erworben /
Darauff der kluge koch ein scharff gewürtze streut.
Auff dornen schauet man die schönsten rosen blühen /
Der sturm mehrt / wie man glaubt / den perlen ihren schein /
Und dürffte man sich nicht darnach so weit bemühen /
So würden sie nicht mehr als grauß[2] geschätzet seyn.
Man muß / Algerthe / sich mit der vernunfft bestillen /
Und dencken daß der durst den krancken anmuth giebt /

2. Sand.

Vergnügung paart sich nicht mit allzufreyem willen /
Der liebet ohne lust / der ungestöret liebt.
In dieser hoffnung will ich meine reime schliessen /
Es schaut mir itzt die nacht mit schwartzen augen zu.
Ich hoff / ich will dich bald in einem traume küssen /
So nach dem himmel schmeckt / und lieblich ist wie du.

Als Flavia sich neben ihm einst auff dem lande befand.

WEnn ich mein trübes licht nach diesem orte richte /
Da Flavia bey mir vor wenig tagen saß /
Als ich die lilien von ihrem angesichte
Und rosen um das feld der zarten lippen laß;
So seufz' ich: schöner ort! du hast zu viel verlohren!
Doch deine Flavia die findest du bey mir.
Ich fluchte / daß ein weib mich zu der welt gebohren /
Wenn mir mein hertze sie nicht zeigte für und für.
O wald! muß gleich dein blat noch vor dem winter weichen /
Das bild der Flavia steht hier doch unberührt.
Wird gleich der bleiche tod mir umb die schläffe streichen /
So weiß ich / daß mein hertz sie mit zu grabe führt.

NIemand weiß wie schwer mirs fällt /
Flammen in der brust zu hegen;
Und sie dennoch für der welt /
Nicht ans freye licht zu legen.
Feuer läst sich nicht verhelen;
Denn sein glantz ist allzuklar /
Und die glut verliebter seelen
Macht sich selber offenbar.

Hundert augen die von neid
Und von lauter argwohn brennen /
Sind auff mich zu sehn bereit /
Ob sie was vermercken können.
Noch verberg ich meine schmertzen /
Daß man keine funcken sieht /
Da die liebe doch im hertzen
Wie ein andrer Aetna glüht.

Dieses ist der liebe kunst /
Amor suchet finsternissen /
Und von seiner stillen brunst /
Muß der helle tag nichts wissen.
Venus bricht mit ihrem sterne
Erst bey dunckler nacht herein /
Daß die zarte jugend lerne
In der liebe heimlich seyn.

Drum gewehne dich mein muth /
Deine flammen zu verschweigen;
Laß von der verborgnen glut
Weder mund noch auge zeugen.
Must du dich gleich etwas zwingen /
Ist gleich die verstellung schwer;
Aus den allerschwersten dingen
Kommt die gröste lust offt her.

Perlen liegen eingeschrenckt
In den harten muschel-häusern.
Wer auff frische rosen denckt /
Sucht sie in den dornen-reisern.
Honig ist nicht ohne bienen.
Wer in Canaan will stehn /
Muß erst in Egypten dienen /
Und durch meer und wüsten gehn.

Vielleicht wird des himmels gunst
Mir das glück noch künfftig gönnen /
Daß die kohlen meiner brunst
Offenbarlich brennen können.
Itzo schreib ich meinem hertzen
Diesen wahren denck-spruch ein:
Feuers-glut und liebes-schmertzen
Müssen wohl bewahret seyn.

Streit der schwartzen augen / rothen lippen / und weissen brüste.

Schwartze augen.

WIr schwartzen wolcken wir / mit sonnen angefüllet /
Wir schönes finsterniß / da Venus wache hält;
Wir duncklen brunnen wir / da blitz und feuer qvillet /
Wir sind besiegerin der freyheit dieser welt.
Das eiß zerschmeltzt für uns / das eisen muß uns weichen /
Die felsen geben nach / es bricht der diamant;
Den purpur heissen wir durch unsre macht erbleichen /
Und manches hertz zerfleußt durch diesen süssen brand.

Rothe lippen.

Ihr augen thut gemach / kan euer blitz entzünden /
So denckt / daß auch der mund voll glut und feuer steckt;
Das rothe / was sich will in diesen lippen finden /
Ist brand von reiner art mit rosen überdeckt.
Der athem / so itzund aus diesem thale fähret /
Laufft jagens halber aus / und rennet durch die welt.
Ich schwere / daß er nicht von dar zurücke kehret /
Biß daß er einen geist hat in das garn gefällt.

Weisse brüste.

Wenn alles reden will / wie können wir denn schweigen?
Es will zwar nicht der schnee von unsern hügeln gehn;
Doch wollen flammen sich auch auff den spitzen zeigen /
Die rüstig tag und nacht in vollem brande stehn.
Wer einen leichten blick in diesen circkel schicket /
Der wird alsbald bestrickt durch süsse zauberey /
Das netze / so mit lust den leichten geist bestricket /
Reist keine helden-hand und harter stahl entzwey.

Schwartze augen.

Rühmt / schwestern / was ihr wolt / den ruhm von unsern flammen
Hat keine zeit verletzt / kein winter abgethan;
Hier steht die liebligkeit und auch die krafft beysammen /
Und dencken auff ein band / das hertzen fangen kan.
Die schlüssel hengen hier zu tausend männer hertzen /
Die liebe hat bey uns das zeughaus ihrer macht;
Cupido holet hier das feuer zu den kertzen;
Ja / lieben haben wir auff diese welt gebracht.

Rothe lippen.

Ein wohlgeschärffter spruch von unserm rothen throne
Thut und verrichtet mehr / als euer stoltzes licht;
Was seyd ihr bey der nacht? Ich red es euch zu hohne /
Wann nicht die sonne scheint / so sieht das auge nicht.
Wir aber herrschen auch / wenn Phöbus von uns weichet /
Ja / wenn ihr sternen-heer von wolcken wird bedeckt /
So hat manch kluges wort / so durch die rosen streichet /
Die löwen eingeschläfft und harte stein' erweckt.

Weisse brüste.

Wenn unsre kugeln nicht mit süssem triebe schertzen /
Und dieser weisse schild der männer freyheit legt /
So stellt die Venus ja vergebens auff die hertzen /
Und selten wird ein brand ohn unsre krafft erregt.

Das beben / so man stets um unsre grentzen spüret /
Bläßt tausend flammen auff / und leget feuer an /
Ja dieses / was bey uns verborgen wird geführet /
Hat offtmahls mehr / als das / was sich gezeigt / gethan.

Schwartze augen.

Wenn keine brust sich zeigt / wenn lippen schweigen müssen /
So reden wir alsdenn durch unsern klaren schein /
Wir fügen offtermahls durch einen blick zu wissen /
Daß adern / blut und marck voll glut und flammen seyn.
Lust / hoffnung / liebe / zorn / kan ieder in uns lesen /
Wir reden ohne wort / und sprechen ohne mund;
Diß / was noch kommen soll / und allezeit gewesen /
Diß macht das augen-lied durch kluge blicke kund.

Rothe lippen.

Der reinen lieblichkeit / so unser blut durchstreichet /
Vergleichet sich der tranck der götter selber nicht;
Die rosen / derer glantz kein purpur hat erreichet /
Sind als ein meister-stück im himmel zugericht.
Der wunder-starcke safft / der süsse thau der seelen /
So um rubinen fleußt / und hier auff perlen steht /
Gibt deutlich zu verstehn / daß in der augen hölen
Die reitzung öffters schläfft / hier niemahls untergeht.

Weisse brüste.

Was euer strahl bezwingt / was eure wort verrichten /
Ist uns genug bekandt / ist uns genug bewust.
Doch lassen wir uns auch nicht gantz und gar vernichten /
Wir sind / bedenckt es wohl / der garten aller lust.
Die äpffel / so allhier auff diesem stocke schweben /
Sind süsser noch als die / so Abels mutter aß;
Ja besser / weil sie nicht verletzen an dem leben /
Und keine schlange nicht auff ihren blättern saß.

Schwartze augen.

Je kleiner unser reich / je grösser unsre stärcke /
Wir schrecken manche brust / und stopffen manchen mund;
Die federn werden stumpff in rühmung unsrer wercke /
Und manch verbrochnes wort thut unsre kräffte kund.
Das hertze klopfft für uns / die glieder lernen zittern /
Und wer diß wahre wort für nichts und nichtig hält /
Denselben soll der strahl von unserm blitz erschüttern /
Zum zeugniß unsrer macht / zur warnung dieser welt.

Rothe lippen.

Die seelen pflegen hier zusammenkunfft zu haben /
Und speisen sich mit lust durch süssen honigseim:
Hier pflantzet die natur den reichthum ihrer gaben /
Und Venus kocht allhier den allerbesten leim.
Ein tropffen recht gebraucht / leimt geist und geist zusammen;
Thut nun der leim zu schlecht des mundes kräffte kund /
Und zeiget nicht genung die funcken meiner flammen /
So küsse man alsbald doch einen schönen mund.

Weisse brüste.

Diß / was ihr itzt gerühmt / das findt ihr hier begraben;
Des himmels rundes bild / der rosen lieblichkeit /
Des frühlings bunte lust / des sommers süsse gaben /
Die sind mit reicher hand hier kräfftig eingestreut.
Der brand-befreyte schnee kan felsen selbst entzünden /
Und unsre blumen tilgt kein heisser sonnenschein;
Cupido wird sich uns zu loben unterwinden /
Die feder wird sein pfeil / wir werden blätter seyn.

DU kennst mein treues hertze /
Es lieget ja in deiner hand /

Als meiner liebe treues pfand /
So dich bedient im ernst und schertze.
Kein garten blüht mir ohne dich /
Du schöne blume meiner sinnen /
Wie solte doch mein auge sich
Von dir entfernt ergetzen können?

Kein amber will mir schmecken[1] /
Wann du nicht kanst gefährtin seyn.
Der morgenröthe purpur-schein
Verkehrt sich mir in trübe decken /
Wenn deiner augen sonnen-pracht
Die güldnen strahlen mir entziehen /
Und dieses / was dich englisch macht /
Von meiner seiten denckt zu fliehen.

Ich küsse noch die stunde /
Da ich den ersten liebes-kuß /
Aus keuscher freundschafft überfluß /
Genoß aus deinem zucker-munde:
Das reine siegel / so von dir
Auff meine lippen ward gedrücket /
Hat auch die seele selbst aus mir
In süsse bande hingerücket.

Doch fürcht ich das gelücke /
So nicht beständig farbe hält /
Und mir auff tausend wege stellt /
Braucht gegen mich auch seine tücke;
Mich daucht / daß eine fremde hand
Um deine rosen sich läst spüren /
Und dich / in einen andern stand
Aus meinen augen will entführen.

1. Auch Ambraparfüm ist ihm unangenehm.

Mir aber muß belieben /
  Was endlich dein belieben heist;
  Es scheint / daß mein verstrickter geist
Nach deinem willen wird getrieben.
  Dein wohlseyn pflantzt auch meine lust /
Ich acht es über alle schätze /
  Ich tadle niemahls was du thust /
Dein willen bleibet mein gesetze.

Denn dir zu widerstreben /
  Wär eine höllen-harte schuld /
  Ich dencke nur / daß ungedult
Uns wenig wieder weiß zu geben;
  Mich stell ich dir gehorsam ein /
Was du begehrst aus mir zu machen /
  Doch kanstu auff den rosen seyn /
So muß ich auff den dornen lachen.

An Flavien.

WIll das gelücke denn gantz meine feindin werden?
  Stürmt süd / ost / nord und west?
Bin ich ein gauckel-spiel und leichter ball der erden /
  Den Venus fallen läst?
Will keine sonne mehr mein schwartzes haupt berühren?
  Umhüllt mich nichts als nacht?
Will das verhängniß mich an einer kette führen /
  So mich verzweiffelt macht?
Orontes weiß fast nicht was ferner sey zu dencken /
  Zürnt Venus oder du?
Ach gläub es! Flavia / mein leiden und dein kräncken
  Kommt mir und dir nicht zu;
Was hab ich dir gethan / daß du mich nicht wilst kennen?
  Wie heist du meine schuld?

Soll mein verbrechen sich mit rechtem namen nennen?
  So rufft es: Lieb und huld /
Du läst mein auge nicht zu deinen gräntzen dringen /
  Mein auge sonder licht /
Du deckst den schönen mund mit deines schatten schwingen /
  Und kennst mich ferner nicht.
Das basilisken-gifft / der rauch von allen drachen /
  Der fledermäuse blut /
Kan meiner Flavie nicht solchen eckel machen /
  Als des Orontes glut.
Doch hab ich dich erzürnt / so will ich treulich büssen /
  Es schweret hand und geist.
Wie solte nicht mein blut mit reichen strömen fliessen /
  Wenn du es springen heist.
Solt ich / o Flavia! zu deinen füssen sterben /
  So stürb ich ohne spott;
Denn liebe / so nicht kan die gegenlieb erwerben /
  Ist ärger als der tod.

  IHr hellen mörderin / ihr augen schliest euch zu /
Jedoch die schönen brüste /
Als zunder meiner lüste /
  Geniessen keine ruh /
Ihr auffgeblehter schnee rafft alle krafft zusammen /
Und bläst in meine flammen.

  Es muß dein athem ja wohl glut und hitze seyn /
Denn was daraus erqvillet
Ist auch mit brand erfüllet:
  Der edlen flammen schein
Bezeuget als rubin sich auff der berge spitzen /
Mich armen zu erhitzen.

  Du schläffst in sichrer ruh / ich aber wach allhier /
Verirret in den schrancken

Voll schlüpffriger gedancken /
Ich schaue dich in mir /
Und ich bemühe mich / den unmuth zu versüssen /
Im geiste dich zu küssen.

Ich fühle / wie mich hier des ambers lieblichkeit /
Den deine zunge giebet /
Wenn sie am schärffsten liebet /
Mit anmuth überstreut /
Und wünsche / daß dein geist auch in dem schlaffe spüre /
Was ich im sinne führe.

Es muß ein süsser traum von liebes-schelmerey
Dir durch die adern dringen /
Und dich zu etwas zwingen /
So dir gantz fremde sey /
So dich zu früher zeit / so bald du wirst erwachen /
Auch schamroth könne machen.

Der liebes-engel selbst / so neidisch ist wie du /
Der will sich itzt bemühen
Den fürhang fürzuziehen /
Von wegen deiner ruh;
Doch must du mit der zeit mir ungescheut entdecken /
Wie dir die träume schmecken.

An Flavien.

GEliebte Flavia / du kennest ja mein hertze /
Du kennst es allzuwohl / es steht in deiner hand.
Es wächst das andre mahl Dianens weisse kertze[1] /
Als du das hertz und mich dir selber hast entwandt.

1. Zeitumschreibung: es ist jetzt einen Monat her; zunehmender Mond (Diana = Mondgöttin; Kerze = Mondsichel).

Wird ein gefällig wort auff diese blätter fliessen /
So rühme deinen trieb / nicht meinen geist und mich.
Ich werde sonder zwang dir doch bekennen müssen /
Die liebste Flavia die schreibt hier mehr als ich.
Doch bist du meisterin von meinen treuen sinnen /
So schaue diesen brieff mit holden augen an.
Du wirst die feder ja mit recht nicht tadeln können /
Die ohne deinen zug kein wort mehr schreiben kan.
Ich hoff es werde mich die richtsucht nicht verdammen /
Vor der die tugend selbst nicht unberührt kan stehn /
Es kennt der himmel ja die reinen freundschaffts-flammen /
Die auch an sauberkeit den sternen gleiche gehn.
Ach! liebste Flavia / die schrifft und die gedancken
Sind ja ein wunderwerck und kleinod dieser welt;
Was spielen wir doch nicht in des gemüthes schrancken?
Was haben wir da nicht verwegen fürgestellt?
Was uns verboten wird / das kan man hier erfüllen /
Man lachet / schertzt und küßt / thut was uns wohlgefällt.
Kein scharff gesetze stört allhier den freyen willen /
Und nichts ist starck genug / das uns zurücke hält.
Man mag die schönste brust hier ohne scheu berühren /
Und schauen / was man sonst nicht wohl befühlen darff.
Man kan die heisse lust biß auff den gipffel führen:
Dann den gedancken ist kein richter allzuscharff.
Kein riegel hält sie auff / es kan sie nichts verdecken /
Wann ihre räder nur in scharffem triebe gehn;
Es kan kein zarter ort vor ihnen sich verstecken /
Kein zahn und nagel weiß hier recht zu widerstehn.
Zeit und gelegenheit weiß keinem nicht zu fehlen /
Hier bricht man rosen ab / und fühlt die dornen nicht.
Man kan was / wo und wie nach seiner lust erwehlen /
Man findt kein thor allhier / so unsern fürsatz bricht.
Die schrifften / die man sonst verdolmetscht durchs gemüthe /
Die stumme redens-art / so aus der feder qvillt /
Hat eine solche krafft / und ist von solcher güte /

Daß offt ein schreiben mehr als ein gespräche gillt.
Fällt gleich ein süsser schall uns in die dünnen ohren /
So prägt die feder uns doch dessen meynung ein.
Es hat des menschen witz die littern ihm erkohren /
Daß sie der sterbligkeit geschwärtzte boten seyn.
Sie lauffen über berg und schwimmen über flüsse /
Sie stifften buhlerey / und richten freundschafft an:
Sie führen gut und geld / sie bringen gruß und küsse /
Und schwingen offtermahls der liebe sieges-fahn.
Sie pressen thränen aus / sie regen unsre hertzen /
Sie blasen feuer auff / sie stärcken die gedult.
Sie sagen reichlich zu / sie wissen wohl zu schertzen /
Und ein geschmeider brieff zahlt offt die gröste schuld.
Schrifft und gedancken sind der trost entfernter seelen /
Damit bestillen sie die regung heisser pein /
Und was man vor der welt aus wohlstand muß verhölen /
Das kan im sinn gespielt / im brieff geschrieben seyn.
Geliebte Flavia / in meinem angedencken
Schwebt itzt dein freundlich seyn / dein anmuths-überfluß;
Mich deucht du wilst mich itzt mit rosen-thau beschencken /
Vor dem die rose bleicht / und thau vertrocknen muß.
Mich deucht es rühren mich der hellen augen flammen /
Und das geschwinde gifft / so aus rubinen fährt.
Es schlägt itzt über mir die wollust-fluth zusammen /
So mir die höllen-angst ins paradieß verkehrt.
Ich schau auff warmem schnee die rothen beeren stehen /
Die ohne zucker auch dem zucker ähnlich seyn;
Es scheint du heissest mich auff tuber-rosen gehen /
Und machst die schwartze nacht zum hellen sonnenschein!
Ich schliesse diesen brieff / der hin zu dir begehret /
Und der die hände küst / die ich nicht küssen kan.
Was mir versaget ist / das wird ihm itzt gewähret /
Es scheint / als stösse mich ein kleiner eifer an.
Gesegnetes papier! du schwebest voll gelücke /
Lauff itzt an meine statt in süssen hafen ein:

Geneuß von wegen mein der süssen liebes-blicke /
  Vor der die sonne selbst scheint ohne krafft zu seyn.
Bezeuge Flavia / daß schrifft und angedencken
  Des treuen freundes dir nicht gantz zu wider sey /
Und wilst du seinen geist nicht unverschuldet kräncken /
  So denck itzund an ihn / und schreib ihm auch darbey.

An Melinden.

ICh rede nur mit steinen.
  Dein stoltzes ohre hört mich nicht /
  Und deiner augen feurig licht
Will mir nur ewig grausam scheinen.
  Kan denn mein nasses thränen-meer
Nicht deines zornes glut abwaschen?
  So siehe / wie ich mich verzehr!
Dein heisser augen-blitz verbrennet mich zu
          aschen.

Was zwinget dich / Melinde /
  So grausam gegen mir zu seyn?
  Verdopple doch nicht meine pein /
Weil ich ohn dem genug empfinde;
  Du straffest mich ja gar zu sehr.
Verdienet denn ein treues lieben
  Bey dir schon kein erbarmniß mehr;
Wo hast du / schönste / denn die feinde
          hingeschrieben?

Was wilst du ferner haben?
  Begehrst du noch mein blut zu lohn?
  Denn meine seele hast du schon /
So nimm es; dir will ichs vergraben.
  Wird hierdurch deine lust gestillt /

So will ich mich noch sterbend freuen /
Und also mach ichs wie du wilt;
Doch wo du menschlich bist / so wird mein tod
dich reuen.

Lob-rede an das liebwertheste frauen-zimmer.

HOchwerthes jungfern-volck / ihr holden anmuths-sonnen /
Ihr auserwehlter schmuck / der hauß und gassen ziert.
Wer ist so steinern / der euch nicht hat lieb gewonnen?
Und welchen habt ihr nicht mit fesseln heimgeführt?
Wer ist so kühn / der darff für eure augen treten /
Wenn ihr die waaren habt der schönheit ausgelegt?
Wer will euch / liebste / nicht als einen Gott anbeten /
Weil ihr das bildnis seyd / das Venus selbst geprägt.
Jedoch ich will nur bloß ein theil von dem berühren /
Mit welchem die natur euch herrlich hat versehn.
Der sinnen schiff soll mich in solche länder führen /
Wo auff der see voll milch nur liebes-winde wehn.
Die brüste sind mein zweck / die schönen marmel-ballen /
Auf welchen Amor ihm ein lust-schloß hat gebaut;
Die durch das athem-spiel sich heben und auch fallen /
Auf die der sonne gold wolriechend ambra thaut.
Sie sind ein paradieß / in welchem äpffel reiffen /
Nach derer süssen kost iedweder Adam lechst /
Zwey felsen / um die stets des Zephirs winde pfeiffen.
Ein garten schöner frucht / wo die vergnügung wächst.
Ein über-irrdisch bild / dem alle opffern müssen.
Ein ausgeputzt altar / für dem die welt sich beugt.
Ein crystallinen qvell / aus welchem ströme flüssen /
Davon die süßigkeit den nectar übersteigt.
Sie sind zwey schwestern / die in einem bette schlaffen /
Davon die eine doch die andre keinmal drückt.
Zwey kammern / welche voll von blancken liebes-waffen /

Aus denen Cypripor[1] die göldnen pfeile schickt.
Sie sind ein zeher leim / woran die sinnen kleben;
Ein feuer / welches macht die kältste hertzen warm;
Ein bezoar[2] / der auch entseelten giebt das leben;
Ein solcher schatz / für dem das reichthum selbst ist arm.
Ein kräfftig himmel-brod / das die verliebten schmecken;
Ein alabaster-hauß / so mit rubinen prahlt;
Ein süsser honigseim / den matte seelen lecken;
Ein himmel / wo das heer der liebes-sterne strahlt.
Ein scharff-geschliffen schwerd / das tieffe wunden hauet /
Ein rosen-strauch / der auch im winter rosen bringt.
Ein meer / worauff man der Syrenen kräffte schauet /
Von denen der gesang biß in die seele dringt.
Sie sind ein schnee-gebürg / in welchem funcken glimmen /
Davon der härtste stahl wie weiches wachs zerfleust.
Ein wasser-reicher teich / darinnen fische schwimmen /
Davon sich sattsam ein verliebter magen speist.
Sie sind der jugend lust / und aller kurtzweil zunder /
Ein krantz / in welchem man die keuschheits-blume sieht.
Sie kürtzen lange zeit / und stifften eitel wunder /
Weil beydes glut und schnee auff ihrem throne blüht.
Sie sind ein runder sarg / wo liebe liegt begraben /
Ein ditrich / welcher auch des hertzens grund auffschleust /
Ein ort / in dem nur lust will sitz und wohnstadt haben /
In dessen hölen milch und nectar häuffig fleust.
Zwey fässer / welche sind mit julep-safft[3] erfüllet /
Lockvögel / derer thon ein freyes hertze bindt;
Zwey sonnen / welche zwar mit dünnem flor umhüllet /
Doch macht ihr heller blitz die klärsten augen blind.
Sie sind ein zart gewand von schwanen-weisser seide /
Daran man sehen kan / wie ieder faden steht /

1. Cupido.
2. Altes Medikament.
3. Erfrischendes Getränk, meist aus Pfefferminz oder Ananas.

Zwey hügel / derer höh' bedecket ist mit kreide /
  Zwey fläschgen / denen nie der wollust milch entgeht.
Zwey brünne / da nur stets gesunde wasser quellen /
  Und wo die dürre nicht der adern marck aussaugt.
Zwey jäger / welche zahm und wilde thiere fällen /
  Wo keines wird verschont / was nur zu fangen taugt.
Zwey schnee-balln / welche doch unmöglich schmeltzen
können /
  Womit das jungfern-volck der männer seelen schmeist.
Zwey aufgestelte garn / und schlingen freyer sinnen /
  Aus denen gar kein mensch / wie klug er ist / entreist.
Zwey kräme / wo man huld und freundlichkeit ausleget /
  Und wo ein rother mund nur kan der kauffmann seyn.
Zwey körb' / in welchen man bloß marcipan feil träget /
  Nach dessen süßigkeit die lippen lechsend schreyn.
Zwey thürme / derer pracht von elffenbein vollführet /
  Darauff Cupidens pfeil die wache fleißig hält.
Zwey kleinod / derer glantz der jungfern leiber zieret /
  Wenn ihre freundligkeit den männern netze stellt.
Sie sind ein blasebalg / ein feuer auffzufachen /
  Das durch kein mittel nicht kan werden ausgelöscht.
Zwey bette / wo rubin und marmel hochzeit machen /
  Wo süsse mandel-milch der rosen scharlach wäscht.
Sie sind ein see-compas / der hurtig rudern heisset /
  Eh man in hafen der vergnügung wird gebracht.
Ein reiner thron / auff dem der liljen silber gleisset /
  Worauff verliebtes volck nur hat zu sitzen macht.
Ein werthes heiligthum / das keusche lippen küssen /
  Für dem sich hertz und knie in tieffster demuth neigt.
Ein meer / aus dem sich lust und liebligkeit ergiessen /
  Ein bergwerck / dessen grund zwey demant-steine zeigt.
Doch niemand lobt den brauch die kugeln zu verdecken /
  Darauff man sehen kan / wo lieb- und lust-land liegt.
Ach schönste! glaubet mir / ihr möget sie verstecken /
  Ein liebes-auge hat dem allen obgesiegt
Orontes selbst bezeugt / daß kein verbergen nutze /

Der brüste Pharos[4] hat durch zart gewand geleucht.
Er ruht im liebes port ietzt unter ihrem schutze /
Wenn uns ein rauher sturm noch um die segel streicht.
Wol dem nun / der wie er kan so vergnüget leben!
Den so ein weisser schild für wehmuths-wunden schützt!
Der seinem munde kan dergleichen zucker geben /
Der so vergnügt / wie er / im liljen-garten sitzt!
Der so die blumen mag auff weissen wiesen brechen;
Der aus der brüste schacht rubin und demant gräbt.
Der rosen samlen kan ohn einzig dornen-stechen;
Der von der speiß und krafft der süssen äpffel lebt.
Dem so das glücke blüht / den es so bruder nennet /
Dem eine runde brust kan pfühl und polster seyn.
Der in der liebsten schooß mit vollem zügel rennet /
Der seiner Venus so flößt liebes-balsam ein.

ES will die ungerathne zeit /
Daß ich zwey lippen soll verlassen /
Da tugend / lieb und freundlichkeit /
Als treue schwestern sich umfassen /
Wo schöne rosen stehn /
Die auch im winter nicht vergehn.

Ich kan fast nicht von deiner hand
Den schwachen arm zurücke ziehen /
Ich fühle wie ein strenges band
Sich mich zu fesseln will bemühen /
Die ohren klingen mir:
Getreuer Damon bleibe hier.

Ich kenne meine fehler wohl /
Ich muß die schuldigkeit vermeiden /

4. Leuchtturm.

Ich weiß daß ich dir folgen soll /
Doch mein verhängniß heist mich scheiden /
Mit einer solchen schuld
Hat auch die ungedult gedult.

Mein geist ist dir genug bekandt /
Du weist ja meine treue sinnen /
Hätt ich dich auff das grüne land /
Wie ich gewünscht / begleiten können /
So sagt ich gar gewiß:
Es ist dein feld mein paradieß.

Doch ist gleich hand und fuß nicht frey /
So weiß mein geist kein band zu nennen /
Er reist der zeiten garn entzwey /
Und wünscht dir freudig nachzurennen;
Mein geist wird dir allein
Viel näher als der schatten seyn.

Der gipffel / so sich itzt bewegt /
Das rauschen / so dein ohr verspüret /
Wird durch der seuffzer trieb erregt /
Die meine matte zunge führet /
Ich weiß / daß iedes blat
Mit meiner noth erbarmniß hat.

Doch schwebt erbarmniß auch um dich /
So brich nicht gäntzlich mein gelücke /
Und denck in meiner noth auff mich;
Gib mir ein halbes wort zurücke /
Ein wort so mir beliebt /
Und wieder neue kräffte giebt.

MEin hertze schmeltzt in einer stummen glut /
Kein funcke soll aus meinen adern steigen /

Dem rauche selbst verbeut man sich zu zeigen /
 Und schweigen meistert mein erhitztes blut.
Es heist mich die natur ein schönes auge suchen /
Und das gesetze will auff meine regung fluchen.

 Soll denn ein kuß / ein unbefleckter schertz /
Ein süsser blick sünd und verbrechen heissen?
Soll ich denn selber mich mir nun entreissen?
 Der himmel kennt der menschen sinn und hertz.
Lieb ist des himmels kind / es wird ja unsre flammen /
Als dieberey und mord / der himmel nicht verdammen.

 Wer ist doch / der sich selbst entmenschen kan?
Wir wissen uns hier nirgends zu verklären /
Des fleisches kan das fleisch sich nicht erwehren /
 Die menschlichkeit klebt menschen stündlich an.
Die engel liessen sich im himmel abwerts treiben /
Wie sollen menschen doch auff erden engel bleiben?

 Soll Sylvia vor mir verschlossen seyn?
Verbotne frucht ist mehr als doppelt süsse;
Der neben-weg reitzt mehrmahls unsre füsse /
 Die wollust wächst auch aus gefahr und pein.
Diß ist die süsse nuß / so schwer ist auffzubrechen /
Die rose wird geliebt / ob gleich die dörner stechen.

 Ach / Sylvia! Ich weiß nicht / wo ich bin!
Es soll kein mensch mein heisses übel kennen /
Ich armer darff nicht meine kranckheit nennen /
 Die richt-sucht nimmt uns blüt und früchte hin.
Getreue Sylvia / hab ich genade funden /
So schau / ach schaue doch! in meine tieffe wunden.

 Du kennest ja die galle dieser welt /
Wie iederman des andern fehler zehlet /
Und fremden fall zum zeitvertreib erwehlet /

Und dessen fleck vor seine schmincke hält.
Du must nur dichtes garn zu meiner decke spinnen /
Dadurch die falsche welt nicht leicht wird sehen können.

Es soll alsdenn ein amber-reicher kuß /
Der sich genetzt in moschus und rubinen /
Vor julep uns in dieser hitze dienen.
Wo bleibst du doch / O süsser überfluß!
Ich weiß / die liebe wird zu lachen hier beginnen /
Indem zwey zungen nicht vor liebe reden können.

Auf eine übersendete nelcke.

DU sendest mir das blut von deinem mund und wangen /
Und eine nelcke muß dein theurer bote seyn:
Ich schaue zwar das blut auf weissen feldern prangen;
Doch stellt die wärmde sich hier nicht als nachbar ein.
Die negel[1] ehr ich zwar mit mehr als tausend küssen /
Ich bin dazu verpflicht / sie kommt auß deiner hand;
Doch wil nichts feuchtes mir auf mund und lippen flüssen:
Was geist und wärmde heist / ist ihr gantz unbekandt.
Sie weiß mit honigthau mir nicht den mund zu netzen /
Sie kennt das schmätzeln nicht und diß was züngeln heist /
Sie weiß den purpur nicht auf meinen mund zu setzen /
Ich fühle nicht was mich auf meine lippen beist.
Sie weiß mir meinen mund nicht schlüpfrig aufzuschliessen /
Die feuchte kützelung kennt diese nelcke nicht.
Durch warmes böben kan sie keinen kuß versüssen /
Weil nässe / geist und blut der nelcke stets gebricht.
Doch kömmt die nelcke mir nicht leichtlich aus dem munde /
Ich aber netze sie durch einen heissen kuß.
Ach freundin! wünsche mir doch zeitlich diese stunde /

1. Nelke.

Da mich entzücken kan dein reicher überfluß.
Es reist mich aus mir selbst ein süsses angedencken /
Was mir vor höflichkeit dein kuß hat angethan.
Du wirst mir einen kuß bey dieser nelcke schencken /
Und zeigen / daß dein mund mehr als die blume kan.

ICh singe tauben ohren /
 Dein schönes antlitz kennt mich nicht /
 Hab ich der freundschafft süsses licht /
Mein bestes kleinod gantz verlohren?
 Wird denn mein tag zu düstrer nacht?
Soll ich mich lebendig begraben?
 Und deiner augen schöne pracht /
So vormahls sonne war / itzt zu cometen haben?

Was sind es doch für sünden /
 Davor ich peinlich büssen muß /
 Und aller schmertzen überfluß /
Als übelthäter / itzt empfinden?
 Doch laß der übelthäter recht
Mich / eh' ich sterbe / nur geniessen!
 Und mache / daß dein armer knecht /
Was er verbrochen hat / mag vor dem tode wissen.

Vor was hab ich zu büssen?
 Vor göttin hab ich dich erkennt /
 Mein hertz als weyrauch dir gebrennt /
Und mich gelegt zu deinen füssen.
 Strafft mich der himmel oder du?
Dir hab ich mich in mir verzehret;
 Der himmel stürmet auff mich zu /
Dieweil ich dir zu viel / und ihm fast nichts
 gewähret.

Ach zürne nicht / Melinde /
So mir diß freche wort entfährt!
Ein sünder ist erbarmens werth.
Du fühlest nicht / was ich empfinde!
Nicht lache / wenn dein sclave fällt /
Du weist / verwirret seyn / und lieben
Hat allbereit die erste welt
Mit schrifft / die nicht verlescht / zusammen eingeschrieben.

Doch wilt du göttin heissen /
Zu der dich deine tugend macht?
So must du auch bey solcher pracht
Dich der erbarmung stets befleissen.
Reiß deinen kalten vorsatz ein /
Nicht mache meine noth zum schertze /
Die hölle lehret grausam seyn /
Der himmel / dem du gleichst / verträgt kein steinern hertze.

Gedancken bey auffgehender morgen-röthe.

AUrora deine rosen blicken /
Der purpur triefft aus deiner hand /
Du suchst durch dieses reine pfand
Die welt und alles zu erqvicken /
Und machst die bahn von gold und nectar voll /
Darauff dein Phöbus lauffen soll.

Ein iedes blat bey meinen füssen /
Ein ieder vogel über mir /
Verehret dich und opffert dir;
Und giebet uns mit lust zu wissen /
Wie itzt dein glantz und deiner wunder pracht
Verjagt das leid und dämpfft die nacht.

Du heist den unmuth von uns scheiden /
  Die blumen weinen dir vor lust.
  Du öffnest deine bunte brust /
In wilden püschen / thal und heiden.
  Nur die / so dir fast gleichen zierrath führt /
  Wird nicht durch deine pracht gerührt.

Corinne läst sich nicht bewegen /
  Du fäll'st ihr wüten nicht dahin /
  Sie weiß den kalten Tyger-sinn
Nicht abzuthun / nicht weg zu legen.
  Sie speiset mich mit angst und bleichem leid /
  Wie du die welt mit lieblichkeit.

Ihr harter geist weiß nicht zu biegen /
  Ihr haß der geht nicht mehr zu ruh /
  Er will stets munter seyn wie du /
Und gegen mich zu felde liegen;
  Sie macht / daß mir dein angenehmer schein
  Den blitzen ähnlich dünckt zu seyn.

Aurora brich doch diese sinnen /
  Und lege diesen hohen muth!
  So dir nur schimpff / mir unrecht thut:
Komm / tilge ferner ihr beginnen.
  Legstu mir nun dergleichen kleinod zu /
  So werd' ich wieder roth wie du.

Du must den kalten schnee vertreiben /
  So unter warmen bergen ist /
  Und mich zu martern hat erkiest /
Sonst kan und weiß ich nicht zu bleiben.
  Aurora wilstu wie Corinne seyn?
  Du läuffst und läst mich hier allein!

ICh bin verletzt durch deinen augen-strahl /
Der seinen blitz in meine brust getrieben /
Soll / Lesbia / du ursprung dieser qval /
Vergehen nicht mein hertze gantz im lieben;
So halte doch nur einen augenblick
Den strahl zurück.

Wen brennt die nacht der liebes-flamme nicht /
Als die zur glut dem menschen ist erkohren?
Ein gantzes meer lescht nicht ihr schönes licht /
In dessen abgrund Venus ward gebohren /
In wellen schwamm diß schöne ungeheur /
Und bleibt ein feur.

Mein hertz besteht aus wachs und nicht aus eiß /
Ich fühl und seh / wie deine augen blitzen:
Zweyfache glut ist sterblichen zu heiß /
Was wunder / wenn zwo sonnen mich erhitzen /
Die gar der himmel seltner schönheit preist /
Und brennen heist.

Nicht dencke / daß es blosse worte seyn /
Welch hertz kan wohl bey deiner glut erkalten?
Du weist / ich bin kein engel und kein stein /
Ich muß des blutes regung lassen walten /
Die GOtt dem menschen schon im paradieß
Ins hertze bließ.

Drum zürne nicht ob diesem meinem brand /
Der sich aus deiner augen glut entsponnen /
Es ist / mein kind / ein werck von deiner hand /
Ach! dencke nach und straffe deine sonnen /
Aus welchen dieses feur / so in mir glimmt /
Den ursprung nimmt.

So liebe dann was deine krafft versehrt /
Mein niedrig seyn kan deinen ruhm nicht tilgen /

Die sonne bleibet doch in gleichem werth /
Mahlt gleich ihr gold ein kleeblat nebst den lilgen /
Laß mich bey deinem warmen sonnenschein
Ein kleeblat seyn.

An Flavien.

ACh edle Flavia! ich weiß nicht wo ich bin /
Ich schreib / und weiß nicht was / dein schertzen macht mir schmertzen /
Dein stern der freundlichkeit reist meine freyheit hin /
Du schickst mir einen brieff / und greiffst mir nach dem hertzen.
Ach ein vergebner griff! du hast es ja bey dir /
Und mir ist nur davon ein kleiner rest erlaubet;
Denn seine schalen sind zwar / wie es scheint / bey mir /
Du aber hast mir längst den kern davon geraubet.
Ich schreibe sehr verwirrt: Denn wer so lebt / wie ich /
Und ohne hertze schreibt / dem taumeln geist und sinnen.
Verdirbt mir dieser brieff / so schrey ich über dich /
Was solt ich ohne hertz itzt wohl vollbringen können?
Doch schreib ich / wie ich kan / als sclave deiner hand;
Die fehler meiner schrifft sind deine sieges-zeichen.
Reicht Critons dienstbarkeit dir hier kein besser pfand /
So denck / ein schwacher kan nicht / was er will / erreichen;
Und rechte liebe will nicht reich verbrämet seyn /
Sie will nicht allemahl mit purpur sich bedecken /
Sie stellt nicht selten sich in schlechter kleidung ein /
Und meynt / daß schminck und schmuck nicht zieren sonder flecken.
Du aber / Flavia / gebrauchst verschwenderey /
Du thust mir deine gunst durch einen brieff zu wissen /
Und daß ich auch davon noch mehr versichert sey /
So wilst du bald darauff mein schlechtes haus begrüssen.

Ach freundin! das gelück und dessen freuden-fest
Speist die verliebten offt mit leeren fleisch-pasteten /
Und ob es seinen wein gleich etwas schmecken läst /
So fließt er mehrentheils nur unsre lust zu tödten.
Es drücket das gelück uns freundlich an die brust /
Und kratzet unvermerckt bey falschen liebes-küssen /
Es zeigt uns sein betrug den zucker reiner lust /
Und raubt uns / als ein feind / die nahrungs-reichen bissen.
Der krantz / den seine hand auff unsre scheitel setzt /
Ist mehrentheils mit dorn und disteln unterwunden.
Sein becher hat uns offt biß auff den tod verletzt;
Nicht selten hat man hier ein spinnen-gifft gefunden.
Ich rühr in meiner noth nicht fremden unfall an /
Ich kenne das gelück und dessen falsche waren /
Und wie sich dessen lust in list verstellen kan.
Denn was ich hier berührt / das hab ich auch erfahren:
Es stund mein treuer sinn in steiffer zuversicht /
In meinem hause dich / als freundin / zu umfangen;
Ach blumen ohne frucht! Ich armer fand dich nicht /
Du warst zu meiner noth mir allzubald entgangen /
Dein helles auge war vor mich ein donnerstrahl /
Als ich / du weist ja wo / dich unverhofft erblickte /
Kein pinsel kan allhier bezeichnen meine qual /
Die tausend seufftzer dir nach deinem hertzen schickte.
Mein größter kummer war zu bergen meine pein /
Mein blut stund schon gerüst / verrätherey zu üben /
Doch must ich in der noth als eiß gefrohren seyn.
Wie übel paart sich doch behutsamkeit und lieben!
Wie der verdruß hernach mir meinen tisch gedeckt /
Wie nichts als traurigkeit mir oben an gesessen /
Wie bitter mir hierauf das mittags-mahl geschmeckt /
Das kanst du / liebst du mich / auch vor dich selbst ermessen.
Es schloß der unmuth mir die heisse kähle zu;
Mich hätte der verdruß auch endlich selbst erstecket /
Und läge wohl vielleicht itzt in der bleichen ruh /
Wann nicht mein hofnungs-stern mich wieder auffgewecket.

Ist eine wehmuth noch vor mich in dieser welt /
So trockne / Flavia / mir meine nasse wangen;
Du weist es / da mir doch kein ander tuch gefällt /
Als das ich armer kan aus deiner hand erlangen.
Schau meine liebe nicht als wollust-sprossen an /
Die aus dem hertzen nichts als geile blüthe treiben /
Du weist es / daß man auch vernünfftig lieben kan /
Und lieb und tugend wohl geschwister können bleiben.
Ich schliesse meinen brieff / doch meine hoffnung nicht /
Dich / liebste Flavia / in kurtzer zeit zu schauen;
Und so der himmel uns nicht allen fürsatz bricht /
So wollen wir ein haus von zucker-rosen bauen.
Doch weil du rose bist, so will ich biene seyn /
Die bienen mögen sich in blätter ja verstecken;
Vielleicht fällt dir / wie mir / noch der gedancken ein /
Daß bienen zwar ein blat berühren, nicht beflecken.

O Göttin / der ich voller pflicht
Mein erstes opffer angericht /
Verachte nicht die letzten Flammen /
Und dencke noch an das altar /
Darauff mein kindisch räuchwerck war /
So dich und mich verband zusammen.

Ich weiß wohl / daß die schnöde zeit /
Und meine grosse niedrigkeit
Dein ohr hat von mir weggerissen /
Und daß kein zeugniß meiner pflicht /
So hand und seele zugericht /
Recht würdig ist / dich zu begrüssen.

Doch aber / wilstu göttin seyn?
So muß auch deiner strahlen schein
Ein kleines opffer nicht verhöhnen.

Der himmel liebt barmhertzigkeit /
Und alle götter sind erfreut /
Wenn unsre hände sie versöhnen.

Drum thu auch deinen himmel auff /
Und laß der tauben saiten lauff
Mich und mein opffer nicht verzehren!
Die dürfftigkeit hemmt meine hand /
Und ist dir doch zuvor bekandt /
Was dir mein armuth kan gewähren.

Ist gleich räuch-opffer / brandt und heerdt
Nicht deiner himmel-schönheit werth /
So wird dich das doch nicht beflecken;
Und bistu göttin / so da liebt /
Da man ihr himmels-ehre giebt?
So laß mich deinen nectar schmecken.

So dich mein feuer lencken kan /
So schaue dessen funcken an /
Und laß mich nicht so schmählich sterben;
Doch / soll es ja gestorben seyn /
So laß mein leben samt der pein
Durch deiner augen glut verderben.

Es komme leben oder tod /
Es komme wohlfahrt oder noth /
Ich nehm es an mit tausend küssen /
Dein urtheil stärcket meinen muth /
Ich bin bereit / mein treues blut
Vor deinen füssen zu vergiessen.

An Floriden.

ICh quälte neulich mich in meinen krancken sinnen /
  Die augen stunden mir voll wasser und voll glut /
Die zunge zwängte sich / ihr klagen zu beginnen /
  Doch war der athem nicht viel besser als der muth.
Den himmel schaut ich an / von dem mein leiden kommen /
  Und dann den reinen leib / der mich zum sclaven macht /
Und ob ich mir gleich viel zu sagen fürgenommen /
  So ward es endlich doch in diese reime bracht:
Hier ist ein reiner geist / von reiner zucht entzündet /
  Dem weder schein noch schmuck hat eine brunst erregt /
Der seine hoffnung bloß auff deine tugend gründet /
  Und seinen gantzen sinn zu deinen füssen legt.
Ich weiß / du liebest nicht von liebe viel zu hören /
  Weil thorheit ingemein der liebe richtschnur ist;
Doch glaube / Florida / ich will dich nicht bethören /
  So wenig als ich mir die thorheit auserkiest.
Ich liebe keinen schmuck / ich ehre keine seide /
  Sie ist der würmer werck / und auch der würmer kost /
Mein auge sehnt sich nicht so sehr nach einem kleide /
  Was gold und perlen sind / ist mir genung bewust.
Dein reden ohne falsch hat meinen sinn gebunden /
  Dein schertzen ohne list legt mir die fessel an;
Die reine liebligkeit / so ich bey dir gefunden /
  Macht daß ich Florida nicht wohl verlassen kan.
Bedencke / was du thust / und dencke / daß die flammen
  So reine sind wie du / von der sie kommen sind;
Laß endlich blick und blick / und kuß und kuß zusammen /
  Doch daß die keuschheit stets sich zum geferten find.
Ein kuß der ist mein ziel / und meines wunsches ende;
  Mehr schreib ich ietzo nicht / mich rufft die süsse ruh.
Immittelst küß ich dir die wollen-weiche hände /
  Und schliesse diesen reim / doch nicht die hoffnung zu.

Seine geliebte wolte ins kloster gehen.

1.

LIsippe will der erden sich entreissen /
Ihr edler geist geht zu der ruh /
Er eilt der reinen sonne zu /
Und will / was himmlisch ist / zu küssen sich befleissen /
Sie stöst die erde hin /und suchet allzu viel /
Weil sie bey fleisch und blut als engel leben will.

2.

Schau doch zuvor ein wenig noch zurücke /
Entlauff dir doch nicht vor der zeit;
Der schönen augen zärtlichkeit
Verträget nicht so bald die heissen sonnen-blicke.
Du kanst nicht Enoch seyn / noch des Elias[1] art /
Und ehe man verstirbt / wird keine himmelfahrt.

3.

Mit was hat doch die erde dich verletzet /
Du stürmest wider fleisch und blut /
Ich weiß nicht / was Lisippe thut /
Die aller regung sich verwegen widersetzet.
Wer mit sich selber kriegt / und sich zu schlagen tracht /
Vor diesen hat der sieg die krone nicht erdacht.

4.

Du bist zu schwer / der erde zu entfliehen /
Du kanst noch kein gestirne seyn.
Komm / sammle freudens-blumen ein /
Die dir als dienerin itzt selbst entgegen ziehen.

1. Henoch und Elias wurden nach dem Alten Testament lebend in den Himmel aufgenommen.

Wer ungezwungen ihm das marterthum begehrt /
Ist der erbarmung zwar / doch keines ruhmes
werth.

5.

Lisippe laß die prächtigen gedancken /
Kein mensch verengelt sich doch nicht;
Vernimm was deine jugend spricht /
Und schreit itzt nicht so bald aus deinen freuden-
schrancken /
Da tausend lieblichkeit auff süsse spiele denckt /
Und lust-rubinen dir zu deinem schmucke
schenckt.

6.

Geneuß doch noch der welt ambrirte früchte /
Der himmel bleibt dir unversagt.
Wer allzu kühn zur sonne jagt /
Dem macht ein scharffer strahl den heissen flug
zunichte.
Mensch und auch engel hat uns zeitlich kund
gethan /
Daß man im paradieß und himmel fallen kan.

SOll Solimene meine glut /
Die mir versehret marck und blut /
Gantz ohne deine rettung brennen?
Du äscherst meine brust ja ein /
Mein hertze muß entzündet seyn /
Und du wilst keine flammen kennen.

Befrage selbst das heisse licht /
Das aus den hellen augen bricht /
Was feuer es in mir erwecket?
Es schmeltzt der seelen hartes eiß /

Und machet Salamander heiß /
Und ich soll seyn unangestecket?

Dein auge hat mich so verführt /
Mich hat dein blitz durchaus gerührt /
Den ich nicht konte sehen kommen /
Ich dachte wolcken anzusehn /
Mit wasser-qvellen umzugehn /
Und bin dadurch der ruh benommen.

Ich kan nicht wider den betrug /
Wer ist bey solchen flammen klug?
Sie können bienen nur vertreiben.
Der mensch / der leichtlich feuer fängt /
Ist wie die motte die sich sengt /
Und doch nicht kan vom feuer bleiben.

Verleugne nicht / was du vollbracht /
Du hast durch feur mich arm gemacht /
Wilstu den mordbrand nicht bekennen?
So wisse doch / daß alle welt
Dir das gerechte urtheil fällt:
Wer andre brennt / muß wieder brennen.

Abriß eines verliebten.

ER ist ein krancker / den ein stündlich fieber plaget /
Ein jäger / so allzeit nach einem hirsche jaget /
Ein wetterhan der stets nach einem winde steht /
Ein schif / so ungehemmt nach Cypris[1] hafen geht.
Ein märterer der brunst / den freund und feind belachet /
Ein Morpheus / der ihm selbst bey tage träume machet /

1. Zypern spielt in der Lebensgeschichte und im Kult der Venus eine Rolle.

Ein arm gefangener / der seine fessel liebt /
Und seinen hencker ehrt / wenn er ihm streiche giebt.
Ein Aetna / der voll glut / läst flut und ströme fliessen /
Ein hungriger / der bloß will rohes fleisch geniessen /
Ein welt-Sebastian / den Venus schütze trifft /
Ein rechter Adams-sohn / den frauen-hand vergift.
Er wird ein ander kind / läst ernste sachen fahren /
Ein haar / ein altes band / sind seine besten wahren /
Itzt baut er etwas auf / itzt reist ers wieder ein.
Itzt muß Democritus der sitten meister seyn /
Itzt ist es Heraclyt[2]. Das hertze / so er führet /
Vergleicht sich dem metall / das ein magnet gerühret.
Sein himmel ist ihr haupt / die erd ist ihre schoos.
Hier anckert seine lust / es wird der erden kloß /
Der überweißte koth / dem himmel vorgesetzet /
Und ist ihr auge mehr als Venus selbst geschätzet,
So wundre ich mich nicht / daß man das weib veracht /
Weil sie die erste pein zu erst hat aufgebracht.
Sein essen ist ein kuß / sein tranck sind heisse thränen /
Die zeit verjaget er mit seuffzen und mit stehnen.
Und wann ihm etwan träumt / wie er die liebste find /
So hat er nichts als luft / und küsset nichts als wind.
Denn träume / buler / wind sind gleiches thuns gesellen;
Sein schlafen darf er nicht nach einem wecker stellen;
Indem die weckerin / so in dem hertzen steckt /
Ihn besser als er wünscht aus seinem schlaff erweckt /
Und seinen schmertzen rührt. Zu dornen wird das bette /
Mit denen wachet er im lager in die wette /
Und führt der thränen strom um seine wangen her /
Bald will er aus der welt / bald will er über meer /
Und muß doch wie zuvor in seinem hause bleiben /
Muß lernen / wie sein rath nicht stetig wil bekleiben[3] /
Wie erstlich bulerey und die gewölckte nacht

2. Für das ältere Verständnis war Demokrit der über die Welt »lachende«, Heraklit der über die Welt »weinende« Philosoph.
3. Haften bleiben, Wurzel fassen.

Auf anschlag / aber nicht auf ausschlag ist bedacht:
So läst er ohne ruh sich fremde sachen lencken /
Läst in gesunder haut sich seine schwachheit kräncken /
Liebt nacht und finsterniß bey sonne und bey licht;
Ist wie ein schweres schiff / dem der compas gebricht.
Und daß ich nicht zu viel von einer sache sage /
Die allen ist bekandt als allgemeine plage /
So muß der vorhang weg: das mahlwerck ist vollbracht /
Hier hat der mahler selbst sein ebenbild gemacht.

HOCHZEITSGEDICHTE

Der aus dem Himmel verbante Cupido.

DEr kleine Wunder-Gott / der Meister meister Hertzen /
Der zuvermählen weiß die Schmertzen mit dem Schertzen /
Und unsre Thränen ihm vor seinen Balsam hält /
Der ward so bald er nur aus Mutter-Leibe kommen /
Auch in die Bürgerschafft des Himmels aufgenommen /
Und als ein kleiner Gott den Göttern zugesellt.
Der grosse Jupiter der nahm ihn auf die Armen /
Die stoltze Juno ließ ihn auf der Brust erwarmen /
Die reine Suada sprach ihm selbst die Wörter für /
Diana lehret ihn den ersten Bogen führen /
Mars wolt ihn alsobald mit einem Helme zieren /
Nur die Minerva sprach: Mein gröster Feind ist hier.
Die Götter ehrten ihn mit mehr als tausend Küssen /
Man schaute nichts als Lust umb seine Lippen flüssen /
Sein helles Auge war ein Thron der Freundligkeit
Sein schreien konte selbst den Nectar süsse machen /
Saturnus muste stets des klugen Kindes lachen /
Ja auch die Trauersucht war durch sein Spiel erfreut.
Doch wolte dieses Lob nicht lange hir bekleiben /
Die Boßheit kam den Ruhm der Anmuth zuvertreiben /
Sein Schertzen roch nach List / sein Spiel nach Büberey /
Auf allgemeinen Ruhm kam allgemeines klagen /
Ein ieder wust ihm itzt was böses nach zusagen /
Und der Beschwernüß war auch nicht der Vater frey.
Bald miste Cynthia den allerbesten Gürtel /
Den Parcen den verschob er manchesmahl die Wirtel /

Den Ganymedes nannt er oft ich weiß nicht wie /
Der Mutter Tauben selbst berupft er Schwantz und
Flügel /
Der Juno träuft' er Wachs auf ihren besten Spiegel /
Und keine Göttin war so sehr geplagt als sie.
Den weiten Thierekreiß besucht er alle Wochen /
Da ließ die Mutter ihn oft allenthalben suchen /
Hier that er Vieh und Mensch viel tausend Schalckheit an /
Er wolt einmahl dem Krebs die eine Scheere rauben /
Der Juno sie verkehrt zusetzen auf die Hauben /
Die weil sie seine List der Mutter kund gethan.
Diß und der gleichen kam dem Jupiter zu Ohren /
Der Lieb und auch Gedult nun allbereit verlohren /
Er sprach / der kleine Schalck der muß vertrieben seyn /
Er dürfte mir einmahl die Donnerkeul entführen /
Und seine schlaue Hand mit einem Zepter zieren /
Für dem sich itzund bückt der goldne SonnenSchein.
Er ließ den Himmel bald sein strenges Urtheil wissen /
Mercurius ruft aus der Ertz-Gott ist befliessen
Zuzeigen / daß sein Grimm wie Blitz und Brand verzehrt
Er wil den kleinen Gott der sich Cupido nennet /
Und dessen Büberey der gantze Himmel kennet /
Verbannen und ihm sey hiermit das Reich verwehrt.
Die Venus zog den Bann ihr treflich zu Gemüthe /
Sie sagte bey sich selbst / so sol ich mein Geblüthe /
Das Göttlich ist wie ich / ja meiner Sinnen Lust
Von mir gerissen sehn; was soll ich aber machen?
Es wird der Jupiter nur meiner Thränen lachen /
Diß naget mir das Hertz und ängstet meine Brust.
Sie rufte bald den Sohn / sie ließ bey tausend Küssen
Ihm eine heisse Bach umb beyde Schultern flüssen /
Man schaute wie ihr Mund von trauren trächtig stund /
Sie sprach die Wichtigkeit des Werckes heist mich
schweigen /
Mein Auge wird dir mehr als meine Zunge zeigen /
Und dieser Seufzer thut dir meine Wehmuth kund.

Dich heisset Jupiter in seinem Zorne scheiden /
Du solst das weite Reich der grossen Götter meiden /
Ach daß ich Göttin bin und nicht zusterben weiß!
Hat Schaum und Muschel dann mich Göttin lassen werden /
Daß man mich itzt verlacht im Himmel und auf Erden /
Und fast geringer hält als Schwämme / Schnee / und Eyß.
Doch wirst du gleich itzund aus meiner Schoß gerissen /
Wird gleich dein zarter Fuß die Erde fühlen müssen /
So wird dein Nahme doch durch dieses nicht vergehn /
Die Göttin des Gerichts die wird ihn höher führen /
Als wo der Donner-Gott läst seinen Blitzen spüren /
Ich weiß er heist ihn noch um seine Crone stehn.
Drauf nahm sie ein Geschirr gemacht von Berg-Cristallen /
Und sprach / laß diesen Schatz bald auf die Erden fallen /
Wenn du berühren wirst den Kreiß der Unter-Welt /
Der Liebe heisser Trieb der lieget hier beschlossen /
So selbst aus meiner Hand in dieses Glaß geflossen /
Und als ein fester Leim die Welt zusammen hält.
Cupido wuste fast kein Wort nicht anzubringen /
Er nahm das edle Pfand und kehrte seine Schwingen
Der schweren Erden zu. Die Mutter schaut ihm nach /
Es kam ihm ohngefehr ein Marmel zu Gesichte /
So macht er den Cristall mit steiffer Hand zunichte /
Und warf ihn daß er wol in tausend Stücken brach.
Es schwam der werthe Saft der nicht geschätzt kan werden /
Nach dem das Glaß zerbrach / vergossen auf der Erden /
Der starcke Dampf umzog den weiten Erden-Kreis /
Ein süsses etwas drang dem Menschen um die Stirne /
Und pflantzt / ich weiß nicht was / ihm heimlich ins Gehirne /
So man zwar fühlen kan / doch nicht zunennen weiß.
Die Welt ward ein Spittal an tausend / tausend Krancken /
Der Schmertzen war gestärckt durch schlüpfrige Gedancken /
Der Geist fühlt einen Zug der mehr als fleischlich hieß /

Die Flüsse lieffen an / von viel verliebten Thränen /
Die Winde stärckten sich durch Seufzerreiches Sehnen /
So das entbrandte Hertz aus seinem Schrancken bließ.
Die Kräuter von der Noth und Schwachheit zugenesen /
Die waren nirgendwo zufinden und zulesen /
Man nennt es allbereit die Kranckheit ohne Rath /
Ich weiß nicht wie es hat der Zufall so geschicket /
Daß einer ohngefehr den süssen Fund erblicket /
Und ihm durch einen Kuß gewünscht gerathen hat.
Nachdem das Pflaster nun für diese Liebes-Wunden
Der menschliche Verstand ergründet und erfunden /
So fiel in einem Nu des Kummers Uberfluß:
Den Krancken und den Artzt den fand man stets beysammen /
Die Flammen leschten sich nicht selten in den Flammen /
Der Becher war der Mund / der Saft ein heisser Kuß.
So lange nun das Rund der Erden wird bestehen /
So wird die schöne Noth der Liebe nicht vergehen /
Die Liebe bleibet doch die Stütze dieser Welt /
Das Pflaster so man braucht / trägt oftmals selber Wunden /
Oft hat das Pflaster selbst der Wunden Pflaster funden /
Wann diß / was es verletzt / ihm wird hinzugesell't.
Mein Bruder darff ich itzt noch eine Sylbe sagen /
So schwer' ich daß du nicht nach Mitteln hast zufragen /
Das Mittel deiner Noth wünscht itzt bey dir zuseyn /
Die Rose / so der Braut die zarten Wangen zieret /
Und Zeugin ist der Zucht so sie im Hertzen führet /
Stellt als dein Eigenthum sich itzo selber ein.
Sie krancket gleich wie du / sie scheuet zubekennen /
Daß Flammen gleich wie dir / ihr um das Hertze brennen /
Daß sie der Dampf bestrickt der aus Cristallen kam /
Ihr Geist ist allzukeusch zu melden den Gebrechen /
Und ist sie gleich bereit ein Wort davon zusprechen /
So wird ihr doch der Mund versiegelt durch die Scham.

Du wirst ohn alle Müh' erlernen und verspüren /
Wie dir die Kranckheit ihr zuheilen sol gebühren /
Betrachte doch nur recht ihr keusches Augen-Licht /
Das wirstu selber dir mit treuen Farben zeigen /
Als spräch' es / dieses Bild / das wünsch' ich mir zu eigen /
So sagt der Augen-Glantz spricht gleich die Zunge nicht.
Hier ist es keine Zeit zu bitten und zu fragen /
Der Liebe Flügel seyn Geschwindigkeit und Wagen /
Hier buchstabiret man gar selten J und A.
Das Frauenzimmer steht den Parthen an der Seiten /
Sie zeigen durch die Flucht oft ihre Lust zustreiten /
Und ein erzürntes Nein / ist oft ein süsses Ja.
Es ist um hohe Zeit die tieffe Lust zubüssen /
Die Stunden die vergehn / die Sternen die verschüssen /
Cupido zeucht dir selbst den leichten Fürhang auf /
Die Röthe / so der Braut in das Gesichte steiget /
Wil itzt Aurora seyn / so auf die Sonne zeiget /
Die durch der Lüste Kreiß sol nehmen ihren Lauff.
Und du / O keusche Braut / schlägst dein Gesichte nieder /
Das Mittel heil zuseyn / das ist dir fast zuwieder /
Du wilst und wilst auch nicht: die eingepflantzte Zucht /
Die lehret dich itzund die reinen Augen sencken /
Der unbekanten Lust verwehrtes Angedencken
Bringt alle Freudigkeit dir schleunig auf die Flucht.
Heb nur die Augen auf / die reinen Liebes-Flammen /
Dadurch sich Hertz und Hertz verknüpfen läst zusammen /
Beflecken dir ja nicht die Schwanen-reiche Brust /
Ja die Verleumbdung selbst / so sich durch Tadel speiset /
Und auch der Tugend oft ein falsches Auge weiset /
Die steht itzund bereit zu loben deine Lust.
Die Lieb ist ja ein Werck so aus dem Himmel kommen /
Und so der Erden Kreiß mit Lust hat eingenommen /
Wer reine Liebe hast / liebt Gott und Menschen nicht.
Die Tugend wie mich deucht die tadelt dein Verweilen /

Und heisset dich itzund zu der Ergötzung eilen /
Die dir der Himmel selbst mit reiner Hand verspricht.
Dein ander Leben kommt itzt auf dich zugegangen /
Entrück ihm nicht den Mund / entzeug ihm nicht die Wangen /
Ein Kuß verbleibet doch ein Aufboth unsrer Brunst /
Er reichet dir die Hand / der Ernst steht bey dem Schertzen /
Er giebet mit der Hand dir auch zugleich das Hertzen /
Und heist es Siegel seyn der ungefärbten Gunst.
Laß itzt die Reinligkeit geschwätziger Rubinen /
Mit Küssen angefüllt ihm zu der Schale dienen /
Und tritt die erste Lust mit frischem Hertzen an /
Gehorsam wil allhir die beste Tugend heissen /
Und der Vertrauligkeit mustu dich itzt befleissen /
Die dich die Liebe lehrt und ich nicht melden kan.
Geht rüstig zu der Ruh und last die heissen Sinnen /
Ein ungespieltes Spiel / zu dieser Zeit beginnen /
Das Gott hat aufgeführt und Adam aufgebracht /
Ein mehres weiß itzund die Feder nicht zuschreiben /
Sie neiget sich forthin in meiner Hand zubleiben /
Sie wüntscht euch ferner nichts als eine süsse Nacht.
Ich weiß der Hymen wird euch alles dieses lehren /
Was die verliebte Lust geschickt ist zuvermehren /
Ein süsses Ach und Ach reist keine Wollust ein /
Eh noch das andre Jahr die Rose wird verblühen /
Und das Geflügel wird das andre Nest beziehen /
So wird ein junger Fürst aus Flandern kommen seyn[1].

1. Die letzte Zeile spielt auf das angedichtete Hochzeitspaar an: Siegmund von Fürst auf Albrechtsdorf und Ursula Dorothea Flandrinn. Hochzeitsdatum: 30. Januar 1652.

Hochzeit Gedichte.

SOl der Degen an den Nagel?
Wird der Helm nun abgelegt?
Ruht der blaue Feuer Hagel /
So den Schlacht-Gott selbst bewegt?
Sol die Lust den Feind zudämpfen
Zubezwingen Stahl und Stein /
Sol die Brunst zu Sturm und Kämpfen /
Todt und gantz erloschen seyn?

Also kan ein süsses Blitzen /
Und ein Wunder-reicher Brand /
Dich nach neuer Art erhitzen /
Und verändern Hertz und Hand /
Daß du fühlst ein neues Brennen /
Daß du folgest frembder Fahn /
Daß dich Mars nicht mehr will kennen /
Daß du suchest neue Bahn.

Diß sind Kräften dieser Gaben /
Diß sind Funcken dieser Gluth /
So der Himmel hat gegraben /
In der Liebsten Geist und Blut.
Dieses ist / was dich den Degen /
So dir noch kein Feind gethan
Freundlich heisset niederlegen /
Und dich übermeistern kan.

Und wie solten nicht die Blicke /
Die ein keusches Auge führt /
Derer Glut durch keine Tücke
Falscher Zeiten wird berührt;
Stahl und Eisen selbst entbrennen /
Mars und seine Helden-Hand
Solt Er diese Venus kennen /
Fühlte mehr als Liebes-Brand.

Sind nicht Adel / Witz und Tugend /
Vor Geschwister hier geacht?
Zeigt die frühlings-gleiche Jugend
Nicht die bundte Wunder-Pracht?
Sind nicht die berühmten Schätze /
So die Morgenröthe trägt /
Nach der Schönheit Kunst-Gesetze
Auf den keuschen Mund geprägt?

Sind die klaren Asteriten /
Und das ungemeine Licht /
So die Freyheit dir bestritten /
Und in deine Seele bricht /
Nicht der Sonnen selbst zugleichen /
So im Himmel Wache hält /
Und begierig Ihm zuweichen /
Zeitlich in die Wellen fällt?

Nun du wirst mit solchen Gaben /
Von der grossen Hand umbkräntzt /
Die mehr Pracht und Schönheit haben /
Als in Ganges Muscheln gläntzt /
Warlich du hast viel gewonnen /
Der du dieses Band erkiest /
So der Himmel selbst gesponnen /
Und fast mehr als Freyheit ist.

Schönste Braut sey nicht bestürtzet /
Freude hindert nicht die Zucht /
Wer hat deine Macht verkürtzet /
Und gestört des Siegesfrucht?
Herrsche frey auff deinem Throne /
Dessen Freyheit du belegt /
Setzet keines Reiches Crone /
Für die Fessel die es trägt.

Edles Paar / genieß der Früchte
So der Himmel euch geschenckt /
Schaut doch wie mit einem Lichte /
Hesperus sich zu euch lenckt.
Tausend hoch gestellte Kertzen /
Leuchten euch zur AbendRuh /
Und Cupido schleust mit Schertzen
Die berühmte Kammer zu.

Bleibet lange bey Gelücke /
Doch nicht allzulang allein /
Lasset zarter Augenblicke /
Eurer Liebe Zeuge seyn /
Zeugen eurer grünen Jugend /
Zeugen eurer jungen Zeit /
Zeugen eurer Väter Tugend /
Und der Mutter Freundligkeit.

Der Pallast der Liebe.

ICh weiß nicht was mir nechst vor eine Regung kam /
Daß ich das Wunder-Buch Marinens[1] vor mich nahm /
In welchem Venus selbst mit ihrer Faust geschrieben /
Da fast ein iedes Wort nach diesem Balsam schmeckt /
Der alles Leid ersäuft / der alle Lust erweckt /
Und unsern Augen streut den Zunder zu dem Lieben.
Ich wandte dazumahl ein Feuer-reiches Blat /
Das wie ein Spiegel-Glaß die Schönheit in sich hat /
So diese Welt bezwingt und den Adon gefangen /
Mich nahm die Liebligkeit dermassen selber ein /
Daß ich erstarret saß / wie Eisen / Stock und Stein /
Und bin itzund bestürtzt / daß ich nicht so vergangen.

1. Giambattista Marinos Liebesepos *Adone*, 1623.

Mich überfiel ein Schlaff / so dieses schlaffen heist /
In dem ein Augenblick die Kräfte von uns reist /
Und ein geschwindes Nun die matten Sinnen bindet /
Mich dauchte bald darnach wie mich die Venus fieng /
Und um den schlechten Hals mit diesem Arme hieng /
So fast die gantze Welt mit süssem Garn umbwindet.
Sie sagte / weiß ichs recht / dieweil dein sanfter Geist
Nicht meinen Nahmen hast / nicht alle Thoren heist /
Die einem kühnen Reim durch meine Thaten zieren /
So reich' ich dir hirmit die Schwanen-weisse Hand /
Die Zeugin meiner Gunst / das unbefleckte Pfand /
Und bin itzund bereit / dich in mein Hauß zuführen.
Kein Vogel in der Luft / kein Tyger-schneller Fluß
Kan so geschwinde seyn / als mein geringer Fuß
Geflügelt / wie es schien / durch dieser Göttin Willen;
Diß was Arabien in seinem Busen hegt /
Die Bluhme / so das Blut der schönen Venus trägt /
Bemühte sich den Weg mit Anmuth zuerfüllen.
Sie brachte mich in eyl auf einen weiten Plan /
Da man in aller Lust die Wohnung schauen kan /
So sich umzircken läst durch immergrüne Myrthen /
Die Tauben sassen hier / es that ein iedes Paar /
Woraus zuschlüssen stund / wer ihre Göttin war /
Und wie die Venus auch die Vogel kan bewirthen.
Es war das schöne Schloß durch einen Fluß berührt /
So nassen Cristallin in seinen Armen führt /
Und den berühmten Grund des weiten Hauses ehret /
Die Mauren waren hier von Marmel aufgebaut /
Umb welches man den Raub der schwartzen Mohren schaut /
Und den berühmten Stein / den nicht der Strahl versehret.
Von aussen trug ein Feld den Kunstschnid grosser Hand /
Wie der erhöhte Schaum getrieben an das Land /
Und Venus aus der Schoß der weiten See gestiegen /
Dem recht entgegen stund / wie die vertraute Last /

So itzt Cupido heist / den damahls neuen Gast /
Die schöne Mutter giebt den Gratien zuwiegen.
Die dritte Seite lehrt / wie alles / was sich regt /
Wie selbst der Juno Brust der Liebe Bande trägt /
Und sich der Venus Brunst zu Pluto Gluth gesellet /
Es führt das Fordertheil / so auch den Eingang zeigt /
Wie Jupiter mit Lust von seinem Throne steigt /
Und seine Himmels-Macht in einen Schwan verstellet.
Dann ward ich unvermerckt auch in die Wohnung bracht /
Wo ordentliche Kunst das Silber unwerth macht /
Wo Peru schamroth wird und Sidon muß verbleichen /
Wo die gelehrte Hand fast die Natur bezwingt /
Wo Nadel-Mahlerey der Perlen Glantz verdringt /
Und wo der Steine Schein nicht wil den Sternen weichen.
Es macht das Wunder-Werck das ungemeine Licht /
Daß mir / wie vor der Muth itzund die Kraft gebricht /
Des Himmels gleiches Hauß genugsam zubeschreiben /
Ich war / diß weis ich wol / auf einen Saal gestellt /
Wo durch den Pinselstrich noch die verliebte Welt /
So lange Zeit verlebt / kan für den Augen bleiben.
Der Macedonier / Achilles / Hannibal /
Der erste Käyser selbst / und wie die grosse Zahl
Der alten Buhler heist / die waren hier zufinden /
Hier schaut der grosse Carl den grossen Heinrich an /
Der achte Heinrich steht beym Brittischen Johann /
Und banden neben Ihm den grosse Bande binden.
Argia klagt allhier / den Unfall der sie trift /
Die Sophonisbe trinckt das überschickte Gift /
Und Pätus Ehgemahl verlachet ihre Wunde[2] /
Bey vielen andrer Zeit / Beschaffenheit und Art /

2. Nach der Aufzählung großer Liebhaber folgen berühmte Liebende: Argia, die gegen den Willen Kreons zusammen mit Antigone ihren zu Unrecht getöteten Mann Polyneikes begrub, die nordafrikanische Fürstin Sophonisbe (vgl. Lohensteins Drama *Sophonisbe*, 1666) und die Römerin Arria, die freiwillig mit ihrem Mann Cäcina Pätus in den Tod ging.

Die ihrem freyen Geist den Männern nicht gespart /
Stund auch ein Labyrinth mit einer Rosemunde.
Die Göttin führte mich darauf in eine Gruft /
Wo Amber und Zibeth durchstreicht die dünne Luft /
Und wo der Balsam wil in güldnen Lampen brennen;
Hier hatte Venus selbst aus anvertrauter Macht /
Die schönsten Buhlerin mit Fleiß zusammen bracht /
Und ließ den alten Schein auch aus den Leichen kennen.
Cupido hatte sie mit etwas balsamirt /
So er dem Jupiter aus seinem Schatz entführt;
Sie liegen in Cristall und können nicht verwesen /
Des Mundes Muschel ist der Purpur nicht verwehrt /
Es hat der Haare Gold noch nicht die Zeit verzehrt /
Und Haubt und Stirne läst die alten Gaben lesen.
Hier ist Cleopatra / es lebet noch die Krafft /
So dem Antonius die Freyheit hingerafft /
Man schauet Helenen zu dero zarten Füssen /
Es schwebt die Freundligkeit noch um den zarten Mund /
Es macht die weisse Brust auch nach dem Tode kund /
Das Paris / und mit ihm auch Troja brennen müssen.
Den grossen Königin war gleichfalls beygesetzt /
Was kurtz vor unser Zeit der Männer Geist verletzt /
Doch ließ ich diese Grufft und kam in eine Kammer /
Es war der gantze Platz mit Silberstück umbhengt /
Darinnen sich ein Brand mit Anckern hat verschrenckt /
Wie gleichfals Mavors Helm / und des Vulcanus Hammer.
Ich war auch kurz darauf in ein Gemach gebracht /
Wo Venus und ihr Sohn verweilen bey der Nacht /
Das Bette füllt der Schwan / den Fürhang ferbt die Schnecke /
Allhier hat Bengala mit Bantam sich vermählt[3] /
Und aller Schätze Schatz den Sammelplatz erwält /
Die Sonne wil sich selbst erzeigen in der Decke.

3. Wegen ihres Reichtums im Barock häufig genannte indische bzw. indonesische Gebiete.

Die Venus reichte mir beynebenst auch das Gift /
Daß ihre Pfeile netzt und so viel Wunder stift /
Sie hält es wol verwahrt in einer weiten Schale /
Es stunden nechst darbey viel Bücher an der Wand /
Sie lehrten Leben / Zeit befreundten That und Land /
Der meisten in der Gruft / der meisten auf dem Saale.

Die Göttin nahm zugleich auch einen Spiegel her /
Sie sagte was mein Sohn bezwingt auf Land und Meer /
Erweiset sich allhier in diesem glatten Runde /
Was Africa beseufzt / was in Europa brennt /
Und was in Asia mich seine Göttin nennt /
Das lehret dieses Glaß in einer kurtzen Stunde.
Sie zeigte mir darbey im Glase mit der Hand /
Wie ihres Sohnes Pfeil / und der berühmte Brand
Denselben Augenblick viel Liebes-Sclaven machten.
Ich schaute hier Madrit / Pariß und Lisabon /
Mit Londen / Augspurg / Wien / Rom / Moßkau / und Lion /
Und unser Breßlau selbst das kont' ich hier betrachten.
In dieser werthen Stad / da schaut ich auch ein Paar /
So mir nicht unbekant / dem ich gewogen war /
Sie stunden voller Glut / sie lebten in den Flammen /
Sie spielten wie es schien / mit Blicken vieler Art /
Bey ihren Blicken war das Lachen nicht gespart /
Und gaben durch die Hand die Hertzen selbst zusammen.
Die Venus der nicht viel verborgen bleiben kan /
Die schaute mich darauff mit frischen Augen an /
Sie sprach: hier siehestu auch die Bekandten brennen /
Viel Federn dieser Stadt die sind itzund bemüht /
Sie dencken allzumahl auf ein verliebtes Lied /
Und lassen ihre Gunst auch aus den Reimen kennen.
Ein Freund der dieses Paar für allen andern ehrt /
Der hat die grosse Zahl der Reimen auch vermehrt /
Ich habe dieses Werck aus meines Sohnes Händen /
Ich muß / dieweil dein Geist auch die Gedichte liebt /

Und ihnen manchesmal die Zeit zu eigen giebt /
Es melden / wo du wilst / ich will es zeitlich enden.
Es trauret Cynthia wann Phöbus ihr gebricht /
Sie zeucht ihr Silber ein / und läst den Schmertzen blicken[4] /
Der Phöbus schencket auch der Erden Kraft und Licht /
Und wil ihr Schoß und Brust / mit Frucht und Bluhmen schmücken.
Der Sternen reiner Zeug / das ungezehlte Heer /
Fühlt auch den Liebes Zug / sie kommen oft zusammen /
Es dringt der heisse Brand / auch in das kalte Meer /
Und aus der tieffen See entstehen LiebesFlammen /
Es muß der Erde Brust / der Liebe Schauplatz seyn /
Es läst der kühne Löw die Liebe sich bezwingen /
Die Bäume lieben auch / es liebet Stahl und Stein /
Und ieder Vogel wil verbulte Lieder singen.
So kom nu liebes Paar erfreue deinen Geist /
Und laß die süsse Lust mit vollem Zügel rennen /
Nicht scheue diß zuthun / was dich der Himmel heist /
Und was die Erde muß für ihren Grund erkennen /
Das Küssen schmecke dir nach süsser Götter-Kost /
Dein Schertzen müsse sich dem reinen Nectar gleichen.
Es fülle Liebligkeit dir Adern / Marck und Brust /
Es müsse nicht die Kraft von deiner Seite weichen.
Genung Cupido komt / und lescht die Lichter aus /
Es wil der kleine Gott mit euch zu Bette gehen /
Der Hymen lacht und lauft mit Freuden durch das Hauß /
Und heist die Gratien in eurer Kammer stehen.
Es eylt auch Hesperus / es scheint die Stunde ruft /
Geht zu der neuen Lust und thut mit heissen Sinnen /
Was Phöbus / Cinthia / Stern / Erde / Meer und Luft /
Leu / Vögel / Bäume / Stahl und Stein nicht lassen können.

4. Erotische Naturdeutung: der Mond trauert und verschwindet, wenn ihm die Sonne fehlt (Neumond). Er zeigt nur noch seinen Schmerz.

Die Göttin schloß zwar hier / doch sagte sie noch viel /
Was sich in meinen Reim aus Zucht nicht reimen wil /
Und allzusehr entdeckt der Venus kühne Tücke /
Sie zeigte mir ein Bild gemahlet an der Wand /
Da fuhr der Spiegel ihr durch Zufall aus der Hand /
Und sprang auf einen Stein in mehr als tausend Stücke.
Es jagte mir der Klang die matten Augen auf /
Die Geister kamen auch in ihren alten Lauff /
Es gieng nun wie zuvor das Uhrwerck meiner Sinnen /
Mein Träumen ist vorbey / es träumt der gantzen Welt /
Und ob mein Träumen gleich nicht grossen Ruhm erhält /
So wird die Meinung doch gelobet werden können.

Die versöhnte Venus.

DIe Göttin so die Welt und alle Hertzen bindet /
Die Wasser / Erd und Lufft durch ihren Strahl entzündet /
Auf welcher WunderWort erzittert niederfällt /
Was Nord / Süd / Ost und West in seinen Armen hält.
Die gieng nach ihrer Arth zu dem erhöhten Throne /
Es war das stoltze Haubt umbzirckt mit einer Crone /
Darauf der Berge Schatz und des Gewässers Pracht /
Durch ihrer Haare Gold noch werther war gemacht.
Es küsten dazumahl die wolgestalten Ohren
Zwo Perlen / den der Ost nichts gleiches hat gebohren /
Es war der zarte Leib durch einen Rock geziert /
Den Phrygien gestrickt / der Sydons Farbe[1] führt.
Umb diesen schaute man der Venus grosse Thaten /
Die Helden so durch sie in Dienstbarkeit gerathen /
Achillem / Herculem / Philippen und die Hand /

1. Die phönizischen Städte waren wegen ihrer Purpurfärbereien berühmt.

So Persien bezwang / und Poren[2] überwand /
Hieß diese Mahlerey der Nadel knechtisch stehen /
Cupido wolte gleich von ihrem Saale gehen /
So sprach das Wunder-Weib / was kommt dich wieder an?
Du meinst das meine Faust dich nicht mehr straffen kan.
Die Berge zubeziehn / die Städte zubeschauen /
Der Kurtzweil nachzugehn auf den begrünten Auen /
Zu sehen was der Nil / Euphrat und Ganges macht /
Bey Tage nichts zu thun / zuschlaffen bey der Nacht /
Ist nicht genung für mich. Wo sind die grossen Stunden /
Da deine Fackel brand / und deiner Pfeile Wunden
Fast iedes Hertze trug? Wie daß nicht mehr die Welt /
Wie vormahls ist geschehn vor mir darnieder fällt?
Betrachte diesen Rock; was meinstu von den Siegen?
Durch die mein hohes Lob ist auf den Thron gestiegen /
Der Sonnen gleiche kommt / den Sternen gleiche geht /
Und beyde trotzen kan / der Zorn beginnt zuwittern /
Es heist die Ungedult mir Hertz und Sehnen zittern /
Es zündet mir der Grimm Geblüth und Adern an /
Daß ich dir deinen Lohn nicht länger borgen kan.
Du allzukaltes Kind betracht ich diese Welt /
Was zwischen Gibraltar und Javan ist gestellt /
Den grossen WunderKreiß / den Zirckel dieser Erden /
Wo sich die Sonne wäscht und wo sie mit den Pferden /
Den alten Weg besucht; wo ihre Hitze brennt /
Und wo der Phöbus fast nicht seine Strahlen kennt /
So merck' ich wenig mehr / als Wüten / Mord und Kriegen /
Ich finde hin und her die todten Leichen liegen /
Die Männer stehn verwund / die Weiber stehn verblast /
Mein Mars wird angeruft und Venus wird verhasst /
Mars der mich selber nicht gescheuet hat zuküssen /
Man schaut das rothe Bluth vor Liebes-Thränen flüssen /
Kein Seuffzer kommet fast von meiner Regung hier /

2. Alexander eroberte auch das indische Reich des Poros.

Betracht ich Berg und Thal / beschau ich See und Meer /
Setz' ich die gantze Welt in meinem Sinn zusammen /
So find ich keinen Dampf von diesen Wunderflammen /
Da eine gantze Stadt durch eine Gluth gebrannt /
Da einer Feindin Schoß den Feind zum Buhler fand.
Da zweyer Hertzen Blut verliebt zusammenflossen /
Da das erzörnte Meer die Brunst nicht ausgegossen /
Da Armuth / Kälte / Schwerd / Flucht / Marter / Brand und Todt
Oft ein verliebter Sinn hielt vor geringe Noth.
Und wil ich gleich den Geist auf wenig Länder lencken /
Die ohne Zanck und Streit den Degen von sich hencken /
Da Fried und Einigkeit auf allen Seiten steht /
Da Wollust ohne Maaß auf ihren Mauren geht /
Da nur das Pulver gilt / so sich nach Cypern nennet /
Und iede Kugel stinckt / so nicht Venedig kennet /
Von den kein ander Rohr für köstlich wird geacht /
Als diß so Zucker trägt und Indien gebracht.
So machen sie mich roth / und heissen dich verstummen /
Wie schöne bistu doch aus solchen Ländern kommen /
Ein Köcher ohne Pfeil / ein Kämpffer ohne Muth /
Ein Bothe sonder Fleiß / ein Hertze sonder Bluth
Die stehen hier für mir. Ich kan dich nicht mehr schauen /
Und deine Gegenwart erwecket mir ein Grauen /
Du kleiner Ehren-Dieb. Es hieng an einer Wand
Des Saales da sie war / ein altgesticktes Band /
Darauf der Perlen Glantz des Goldes Pracht umfasssen /
Und der verliebte Mars der Venus hinterlassen /
Als seinen Leib Vulcan / Sie Geist und Leib umfieng /
Und dieser grosse Gott an schweren Banden hieng[3].
Das Zeugnüß aller Gunst must ihre Peitsche werden /
Sie stieß den kleinen Sohn erzürnet zu der Erden /
Sie grief mit einer Hand ihm in das schöne Haar /
Und peitschte biß sein Leib wie ihre Lippen war.

3. Vulcanus überraschte Mars und Venus bei einer Liebesszene, warf ein Netz über sie und zeigte sie gefesselt den Göttern.

Biß Rosen um den Schnee der zarten Lenden stunden /
Cupido hatte kaum den ersten Schmitz empfunden /
So ruft er / Königin / ich bitt' euch umb den Pfeil /
Der mehr verrichten kan als Blitz und Donnerkeil /
Ich bitt' euch um den Schertz / ich bitt' euch um das küssen /
Durch die der starcke Mars ein Sclave werden müssen /
Und so diß alles noch gesucht ist allzuweit /
So bitt' ich euch umb diß davon ihr kommen seyd.
Die Göttin konte hier nicht mehr das Lachen halten /
Der Eifer / den sie trug begunte zuerkalten /
Sie warf das Band hinweg / und sprach mein kleiner Sohn /
Genung vor diesesmahl / und denck an diesen Lohn /
Den du durch Müßiggehn aus meiner Faust bekommen.
Es wird der Mutter Schlag geduldig aufgenommen /
Fieng der Cupido an mit Seufzen ohne Maß /
Als welchem Schmertz und Furcht auf Haut und Hertze saß /
Und fuhr so ferner fort: Beherrscherin der Erden /
Sol diese Schuld allein auf mich gebürdet werden /
Greift meine Mutter mich mit Band und Marter an /
Daß diese gantze Welt nicht länger brennen kan /
Und allzulaulicht ist. Es wird der strenge Bogen /
Wie vormahls ist geschehn / itzunder angezogen /
Mein Pfeil hat gleiche Maß und führet gleichen Stahl /
Daß Eiß und Eisen umb sich findet überall /
Und Wasser für das Blut die hohlen Adern füllet /
Daß Aetna itzt nicht mehr in allen Hertzen quillet /
Ist ja nicht meine Schuld. Es ist nicht lange Zeit /
Da zog ich durch ein Land / wo Unmuth / Krieg und Streit
Gar frembde Gäste sind. Ich dachte hier zu siegen /
Da Agtstein gleich wie ihr sich läst die Wellen wiegen /
Und setzte meinen Fuß bald in die gröste Stadt[4] /

4. Das vorliegende Gedicht war für die Hochzeit von Hofmannswaldaus Danziger Freund Heinrichsson mit der Tochter des Präkonsuls

Da Reichthum / Macht und Muth Verstand zum Bruder hat.
Mein Fürwitz führte mich in eine stille Kammer /
Da nicht erschallen kan des schwartzen Vaters[5] Hammer /
Man schaute um und um manch hochgelehrtes Pfand /
So der Beredten Mund und vieler Tichter Hand
Von Rom / Corinth / Athen / und die sich diesen gleichen /
Den alle Männer noch der Künste Scepter reichen /
Den Menschen zugeschickt. Hier saß ein junger Mann /
Und sprach manch schönes Buch um seine Schätze an.
Ich war alsbald gemüht ihn schleunig zuereilen /
Ich grief den Bogen an / ich spielte mit den Pfeilen /
Es war verspieltes Werck und Arbeit sonder Lohn /
Die Pfeile flogen weg / der Jüngling kam davon
Und hielt mich ungescheut vor einem KinderSchützen /
Ich ließ ihn dieses mahl bey seinen Büchern sitzen /
Ich hab ihn zwar nach dem auch ferner angerant /
Doch war ein ieder Pfeil vergebens ausgesand.
Ertheilet mir nun Rath / was ferner sey zu machen?
Die Mutter sprach / mein Sohn / hier liegt der Grund der Sachen /
Wer nicht durch suchet hat der Leiber Unterscheid /
Und nicht zu urtheln weiß von Sehnen / Blut und Zeit /
Nicht weiß / wenn dieser Trieb und jener sich beweget /
Wann Blut und Geist erwacht / wann Bluth und Geist sich leget /
Wann Feuer Meister wird / wann Wasser herrschen will /
Der trift / ich schwere dir / nicht auf das rechte Ziel.
Du wirst mein lieber Sohn fast keinen Menschen finden /
Der sich nicht leichtlich läst an dis und jenes binden /
Der sich nicht allsobald erschüttert und beweg't /

Heinrich Freder, 1647, bestimmt. Die Stadt ist Danzig, Agtstein, der an der Ostsee zu findende Bernstein, Venus wiegt sich als Schaumgeborene auf den Wellen des Meeres.

5. Vulcanus.

Wenn dieses auf ihn trift / was er im Hertzen trägt
So dencke nicht auf Pfeil / auf Bogen und auf Wunden /
Du habest denn zuvor den HertzensTrieb gefunden /
Und glaube daß allhier der Hertzen Schlüssel liegt /
Wer nicht die Geister kennt hat selten obgesiegt.
Der eine liebet nur des Leibes Pracht und Gaben /
Ein ander will die Zucht zu einer Schwester haben /
Der eine meint / das Geld die beste Heyrath stift /
Ein ander heist die Treu das beste Morgen Gift /
Viel lieben Spiel und Tantz / nicht wenig auch das Singen /
Und manchem muß der Wein die Brunst zum Hertzen bringen /
Viel seufzen ohne Maß nach zarter Bluhmen Pracht /
Viel heissen diesen Schatz ein Kleinod einer Nacht /
Viel locket und bewegt der Eltern Geist und Tugend /
Viel werden angereitzt durch unverwelckte Jugend /
Der eine siehet nur die süssen Wörter an /
Viel sehen auch dabey was Spiel und Nadel kan.
Diß alles mustu wol und gar genau erwegen /
Es wird auch gleicher Pfeil nicht iedes Wild erlegen /
Und dieses hab ich schon vor vieler Zeit bedacht /
Und nicht nach meiner Arth der Pfeile Zeug gemacht.
Der eine schicket sich noch zu den grünen Jahren /
Ein ander sehnet sich nur nach den grauen Haaren /
Der eine lencket sich auf Hertzen reich an Kunst /
Ein ander reitzet nur die Adern voller Brunst /
Der eine führt Zibeth / viel schmecken nach der Küchen[6] /
Der eine weiß Latein / ein ander kennt die Grichen /
Der eine führet Gold / der ander stinckt nach Wein /
Viel sind von Ebenholtz / und viel von Helffenbein.
So lauf nun vor mir hin / und gründe recht die Hertzen /
Wo Ernst und Witz regiert / wo Lachen / Spiel und Schertzen

6. Die Höflinge riechen nach Zibetparfüm, die Bürger und Bauern nach Küchendüften.

Fast immer müssig gehn / wo Kunst am meisten gilt /
Wo Füllerey und Wein die blauen Adern füllt /
Wird dieser Unterricht nur richtig eingenommen /
So wirstu liebes Kind bald wieder zu mir kommen /
Und ruffen / dem ich oft der Liebe Garn gestellt /
Der ist durch euren Sohn und meine Faust gefällt.
Cupido der genug der Mutter Wort erwogen /
Grieff nun mit Zuversicht auf Köcher / Pfeil und Bogen /
Und schwang sich ungesäumt auch wieder in die Stadt /
So von den Dähnen noch den alten Nahmen hat[7] /
Und ihre Mutter itzt mit reichen Gaben ehret /
Ein Hertze / so kein Pfeil der süssen Brunst versehret /
War dieses Schützens Zweck. Es war bey Tag und Nacht /
Der Bogen stets gespannt / das Hertze stets bedacht /
Nach vielem Krieg und Streit dem Jüngling obzusiegen /
Wie oft er aber kam so fand er um ihn liegen /
Der Griechen kluges Heer der Römer weisen Rath /
Was Chäronea noch der Welt geschencket hat /
Halff nebenst Cordöen[8] fast unermüdet kämpfen /
Auch Cato war bemüht der Pfeile Macht zudämpfen /
Und goß den heissen Brand mit seinen Sprüchen aus /
Cupido sprach bey sich: sol dieses Mannes Hauß
Mein Feuer und mein Pfeil denn nicht erreichen können /
Ist Eisen / Stahl und Stein der Grundzeug dieser Sinnen?
Er stellt ihm offtermahls durch ein verliebtes Blat /
Wie jener Lesbien / und der Corinnen bat /
Wie der Petrarcha schwur die Lauren stets zulieben /
Und was der Grafenhag vom Küssen hat geschrieben /
Marinens Wunderbuch / Gvarinens treues Pfand /
Was Drayten / Teophil / und Samtamann erfand[9] /

7. Danzig.

8. Chäronea, der Geburtsort Plutarchs, und Córdoba, der Geburtsort Senecas und Lucanus', vertreiben die Liebesgedanken.

9. Hofmannswaldau nennt Liebesdichter und Liebesdichtungen: Petrarca, den holländischen Dichter C. Huygens aus Den Haag (1596–1687), Marinos *Adone*, Guarinis *Il Pastor fido*, den englischen Dichter Michael Dray-

Die schaut' er oftermals auf seiner Stelle schertzen /
Die Kunst gefiel ihm wol / das Gift drang nicht zum Hertzen /
Und der erzörnte Gott war numehr gantz bereit
Zu meiden diesen Orth zu lassen diesen Streit /
Als dieser freye Geist bey schönen SommerStunden /
Als Erd und Himmel-Lust zusammen war verbunden /
Durch einen guten Freund / ward aus der Stadt geführt /
Der Orth so sie umfieng stund überall geziert
Mit schönen Tulipen / geholt aus frembden Erden /
Die itzund auch bey uns gemeine Bürger werden /
Viel andre Bluhmen mehr die waren hier gepaart /
Manch frembdes WunderKraut / so die erkühnte Farth
Dem Ost und West entraubt / war neben dem zuschauen /
Das geile Kind der Luft kam Nester hier zubauen /
Die kleine Nachtigall so nimmer schweigen kan /
Die stimmet ungestört ein süsses Brautlied an.
Es schertzten überall die Baltischen Syrenen /
Man hörte manches Lied mit höchster Lust erthönen /
Der Phöbus schaute selbst erfreuet durch die Luft /
Als Richter / wie ihm deucht / der Kurtzweil angeruft.
Vor andern zeigte sich ein Kleinod aller Tugend /
Ein Spiegel aller Lust / ein WunderBild der Jugend /
Auf derer Stirne selbst des Vatern Nahmen saß /
Aus derer Augen man der Mutter Keuschheit laß /
Da Höfligkeit und Zucht einander Schwestern hießen
Da Sinnen / Geist und Bluth sich fromm zu seyn befliessen /
Der eher nichts gefällt als wenn der Vater wiel /
Und spricht / der Eltern Wuntsch ist mein gewüntschtes Ziel
Und meines Willens Zweck / der ernste Feind des Buhlen /
So nie ersuchet hat der Venus süsse Schulen /
That hier die Augen auf / und schaute wie die Welt /

ton (1563–1631) und die Franzosen Théophile de Viau (1590–1626) und Marc-Antoine Girard de Saint-Amant (1594–1661).

Sich itzund lustig macht in Florens Lustgezelt /
So Feld und Gärte deckt. Doch war das keusche Prangen /
Derselben so ich itzt zu rühmen angefangen /
Ihm lieblicher als diß / was uns der Tulipan
Auf seinen Blättern zeigt / und nicht bestehen kan.
Cupido der sein Ziel zu keiner Zeit verlassen /
Begunte nebenst Trost auch seinen Pfeil zufassen /
Der Arm stund ausgestreckt / der Bogen war bereit /
Durch gleich gestellten Stahl der Sinnen Härtigkeit
Zu machen wie das Wachs. Er hielte zu dem Hertzen /
Der Pfeil drang durch die Brust nicht ohne süsse Schmertzen /
Und das erkühnte Kind zu mehren seine Lust /
Traff auch das schöne Bild und ihre zarte Brust /
Die kein verliebter Strahl vor diesem angerühret /
Es ward die süsse Gluth durch beyder Blut geführet /
Sie schauten hin und her / sie schauten diß und das /
Und wusten fast nicht recht was in dem Hertzen saß /
Biß daß die Flamm allhier iemehr und mehr entbrandte /
Und beyder Hertz und Geist die süssen Flammen kante /
Da denn der Eltern Treu durch längst geneigte Hand /
Ihn'n Wuntsch und Segen sprach / und dieses Paar verband.
Cupido meinte nun vor freuden zuvergehen /
Er schaute höchst ergetzt die zwey verliebten stehen /
Er lachte daß den Schall auch Echo selbst vernahm /
Und wie man meinen wil in Juno Kammer kam.
Doch ließ die grosse Lust ihn länger nicht verziehen /
Er hieng den Bogen an der Mutter zuzufliehen /
Zu sagen / daß sie nun für einen rauhen Schlag /
Des kleinen Sohnes Haubt mit Rosen krönen mag.
Er schwang sich durch die Luft biß zu der Venus Throne /
Und rief / was düncket euch itzund von eurem Sohne /
Dem ich vor vieler Zeit vergebens Garn gestellt /
Ist nun durch mein Geschoß mit Wucher hingefällt.
Und ruft die Venus an zu seiner Liebsten Füssen /

Der Liebsten die mit ihm läst Liebes Thränen fliessen /
Doch wird ein festes Band bald enden ihre Pein /
Und Lachen vor die Noth / Lust vor das Weinen seyn.
Hab ich genung gethan? die Mutter war ergetzet /
Daß dieses zarte Fleisch des Sohnes Hand verletzet /
Sie satzt ihn auf die Schoß / sie druckt ihn an die Brust /
Sie nannt ihn ihren Schatz sie nannt ihn ihre Lust /
Sie küst ihn auf den Mund / sie klopft ihn auf die Lenden /
Sie nahm ihn aus der Schoß / sie trug ihn auf den Händen /
Und sprach weil sich itzund nicht alles sagen läst /
So eile nun von mir auch auf das Hochzeit Fest /
Dann kanstu ihre Noth und ihre Lust beschreiben.
Cupido läst sich nicht viel zu der Wollust treiben /
Er ließ der Mutter Hand / er ließ der Mutter Schoß /
Er machte sich alsbald der süssen Bande loß /
Und schwang sich über Baum / Thal / Häuser / See und Hügel /
Es gläntzten wie Cristall die Silber-weissen Flügel /
Biß daß er in die Stadt des grossen Sieges kam /
Und seinen FreudenFlug recht in die Wohnung nahm /
Da dieses werthe Paar auf einem grossen Saale /
Bey Kurtzweil / Liedern / Tantz / Gespräche / Spiel und Schale
In höchsten Freuden saß. Da der berühmte Rein
Mit Weinen / die er hegt / nicht wolte sparsam seyn.
Tockäy und Mallaga / Bourdeaux und ihres gleichen /
Die liessen auch den Schatz des Bacchus überreichen /
Was seltzam in der See / was köstlich in der Luft /
Was Erd und Bäume ziert / ward auf das Mahl geruft.
Hier muste Cinnamey[10] das Haselhun umschlüssen /
Die Fische wolten nur in Muscateller fliessen /
Der stoltze Phasian[11] ward in ein Grab gethan /

10. Zimt.
11. Fasan.

Dergleichen Phönix nur ihm selber geben kan /
Was die Natur gebiert und was die Kunst erzwinget /
Was vieler Menschen Witz aus frembden Ländern
bringet /
Was Zucker überzeucht und Specerey erhält /
Ward auf den FreudenTisch mit reicher Hand gestellt /
Und wolte Dinstbahr seyn den zwey verliebten Hertzen /
Den nun die reine Lust durch tugendhaftes Schertzen
In alle Glieder trat / und den der süsse Brand /
Noch heisser ward gemacht durch Augen / Hertz und
Hand /
Es kam nun unvermerckt der Hesperus gegangen /
Der Reisenden Verdruß / der Liebenden Verlangen /
Er sprach durch seinen Schein geht zu der neuen Ruh /
Und schlüsset nicht die Lust mit euer Kammer zu.
Bezwinget euch der Schlaff / so macht das bey erwachen
Der Braut die Röthe kommt / den Bräutigam das Lachen /
Nicht traure zarte Braut / es sagt die gantze Welt /
Man samlet keine Frucht / wann nicht die Blüthe fällt.

Liebe Zwischen Hertzog Ungenand und Agnes Bernin.

UNgenand eines vornehmen Hertzogs Sohn / ließ in zarter Jugend nebenst der anmuthigsten Gestalt / so ein Fürst in sich haben solte / nicht geringe Zeichen seines Helden-Muths verspüren. Es begab sich / ich weiß nicht / durch was vor Schickung / daß hochermelter Herr eines WundArtztes / oder wie wir ins gemein zusagen pflegen / eines Barbires Tochter / in die Augen faste / und weil Sie über ihre GeburtsArt nicht allein schöne / sondern auch von hohem Gemüthe war / sie inbrünstig zu lieben begunte. Seine Gedancken waren die Agnes Bernin (so war dieser geliebten Nahme) als eine Seele die ihm gleichte / ihm zuvermählen / und durch offentlich Gepränge der Welt seine eyfrige Flammen scheinen zulassen. Diese junge Heldin / so dem Gemüthe nach vielleicht so rühmlich einen Scepter / als ihr Vater die Fliette[1] / würde geführet haben / scheuete nicht allbereit sich des Fürsten Gemahlin zunennen / und begunte schon mit Begleitung eines Adelichen FrauenZimmers herein zutretten. Der regierende Herr / als Vater / zog dieses hitzige Beginnen seines Herren Sohnes / ihm treflich zu Gemüthe / und weil er wohl schauete / daß dieses / seinen Gedancken nach / schimpfliche Feuer in dem ersten Brande auszuleschen were / so eilete er in Abwesenheit des jungen Hertzogs nach Sittenburg wo sich gedachte schöne enthielt / berufte den Rath daselbst / und ließ diese Sache so weit treiben / daß diese unglückseeliche

1. Fliete, altes Instrument zum Aderlaß.

Liebhaberin in das Gefängnüs geworffen ward. Weil sie dann nun in der höchsten Noth ihren HeldenMuth nicht sincken ließ / sondern vielmehr durch unerschrockene Antwort an Tag geben wolte / daß sie dem Geiste nach nicht gantz unwürdig sey eine Hertzogin genennet zuwerden; als ward Sie nach gesprochenen Urtheil in einen Sack gestossen / und in einem flissenden Wasser erträncket. Ihr Gedächtnis schwimmet noch oben / und das steinerne Angedencken / so ihr zu Ehren aufgerichtet worden / ist noch nicht geschleift.

Agnes an Ungenand.

DEin Agnes schreibet hier mit Banden an den Händen /
Mit Riegeln wohl verwahrt die mehr als stählern seyn /
Mit Finsternüs umbstrickt / verwacht an allen Enden /
Wer aber liefert dir diß kleine Schreiben ein?
Ich muß itzund aus Noth dergleichen Leuthen trauen /
Da keine Höfligkeit ie eingewurtzelt hat /
Wird ein verdächtig Aug' auf meine Zeilen schauen /
So find die gantze Welt hier neue Missethat.
Es zeiget mir itzund das schlüpffrige Gelücke /
Wie seine Schmeicheley die Welt berücken kan /
Zuvor erqvickten mich die Strahlen deiner Blicke /
Itzt schaut ein Scherge mich mit schelen Augen an.
Ein Hertzog küste mir vor diesem Hand und Armen /
Itzt schleust man meinen Leib in Ketten und in Band /
Vor schaut ich nichts als Neid / itzt schau ich kein Erbarmen /
Und bin ein GauckelSpiel vor dieses gantze Land.
Diß macht der PurpurRock / damit du mich umgeben /
Diß macht / dieweil dein Geist dem meinen wolgewolt /
Der Kuß / den ich empfing / der bringt mich umb das Leben /
Denn das du mich geliebt ist meine gröste Schuldt.
Wie leichtlich irren doch die Circkel unsrer Sinnen /
Wie macht das HofnungsGlaß uns alles viel zugroß.
Ich meint' / ich würde nun forthin nicht fallen können /

Ich wolte Göttin seyn und nicht ein Erdenkloß.
Ich meint' / ich were nur vor FürstenBluth erkohren /
Es were nur mein Mund gekrönter Küsse werth /
Ich glaubte nicht / daß mich ein BürgersWeib gebohren /
Wie aber hat die Zeit mir diesen Wahn verkehrt?
Dein Vater hat mich recht auch meinen lassen wissen /
Und gründlich kund gethan / wo ich entsprossen bin /
Den Purpur hat er mir vom Leibe weggerissen /
Und jagt mich itzt entblöst in ein Gefängnüs hin;
Hier muß ich mich gebückt in Ketten lassen legen /
Wie drückt das Eisen doch itzt meine zarte Handt!
Wie mir zu Muthe sey das kanstu leicht erwegen /
Dann dir ist mein Gemüth und auch mein Leib bekant.
Mein Albrecht scheu dich nicht mein Schreiben zu durch lesen /
Es komt von dieser her die du hast hoch geschätzt /
Schau was ich itzund bin / du weist was ich gewesen /
Und wie manch feüchter Kuß hat deinen Mund ergetzt.
Send' einen Seuffzer nur auf meine schwere Bande /
Dann keine Rettung ist vor mich auf dieser Welt /
Ach were nicht mein Blut von allzuschlechtem Stande /
So würd' ich dir / und nicht dem Tode zugesellt!
Ich dürffte nicht wie itzt bey HenckersBuben leben /
Man salbte meinen Leib mit frembden Balsam ein /
Es müste Seid und Gold umb meine Lenden schweben /
Und Agnes müste Braut des jungen Hertzogs seyn.
Es würde dieses Land Gelück und Segen ruffen /
Man würffe mir erfreut des Frühlings Kinder zu /
Ich hätte nichts als Lust / und nichts als Ruhm zuhoffen /
Und meiner Schätze Schatz / O Hertzog! wärest du.
So muß sich die Natur das Glücke meistern lassen /
Und Menschendreuungen sich machen unterthan /
Muß schauen wie man sie mit Satzung will verfassen /
Die auch der Richter selbst nicht leichtlich halten kan.
Da muß ein hoher Geist nicht hoch und edel heissen /
Der nicht in Cronen sitzt und aus dem Purpur schaut /

Muß den in Dinstbarkeit zu ehren sich befleissen /
Der oft aus schlechtem Zeug ist worden aufgebaut.
So muß das Silber offt gemeinem Ertzte dienen /
So muß ein kluger Knecht vor einem Herren stehn /
Der wie der Monde nur durch frembdes Licht geschienen /
Und sonder Ahnen nicht darf vor die Thüre gehn.
Doch will ich meinen Hals dem Joche nicht entziehen /
So die Gewohnheit hat dem Menschen aufgelegt /
Man muß die Last mit Lust zutragen sich bemühen /
Wenn dieser es befihlt der Kron und Scepter trägt.
Ich leide was ich kan / es wird nicht ewig wehren /
Die Kette nützt sich ab / die Stricke gehn entzwey /
Es muß der MenschenZorn sich in sich selbst verzehren /
Und wer gebunden lebt wird nach dem Tode frey.
Was mich itzt trösten kan / ist daß ich nichts verübet /
Worauf das strenge Recht das Feuer ausgesetzt /
Ein Fürst hat mich begehrt / ich hab ihn auch geliebet /
Und meine Seele war der seinen werth geschätzt.
Ach Fürst / läst deine Brunst noch etwas Thränen fliessen /
Geht ein getreues Ach durch deinen schönen Mundt /
So wisse / das mir diß wird meine Noth versüssen /
Wer aber machet mir die treue Zeichen kund?
Doch kan ich dein Gemüth und deinen Geist erkennen /
So weiß ich das dich wird bewegen meine Noth /
Du wirst in kurtzen diß die ärgste Zeitung nennen /
So zeitlich kommen wird: Itzt ist dein Agnes todt!
Ich weiß das letzte Wort vergleicht sich Donnerschlägen /
Besonders wenn du denckst an diesen schönen Tag /
Als du mich hast geführt auf deinen geilen Stegen /
Und dein erhitzter Mund auf meinen Lippen lag;
Genug! mein Fürst und Herr / was soll ich ferner schreiben?
Geneuß der JugendLust / gebrauche dich der Welt;
Du kanst auf deinem Stuhl und in dem Purpur bleiben /
Ob deine Liebe gleich durch einen Hencker fällt.
Die Ehre hat mir noch dein Vater nicht entführet /
Daß ich gezeichnet bin durch deinen ersten Kuß;

Ob meinen schwachen Leib gleich Gluth und Bluth
berühret /
So weiß ich / daß man mir diß Kleinot lassen muß.
Nunmehr gedenck ich bald aus böser Hand zukommen /
Der Agnes bestes Theil / O Fürst! beruht bey dir /
Hast du die Rosen mir vor diesem abgenommen /
So findet unser Feind die Dornen nur allhier.

Ungenand an Agnes.

ISt dieses was ich soll von meiner Agnes haben?
Soll Gruß und Abschied denn nah' aneinander stehn?
Läst meine Taube sich ümbgeben schwartze Raben?
Muß meine Sonne denn so schimpflich untergehn?
Ist kein Erbarmnis mehr in dieser Welt zufinden?
Kennt Blut denn Blut nicht mehr? kennt mich mein Vater
nicht?
Läst er mit Kett' und Band dich meine Seele binden?
So bin ich allbereit erbärmlich hingericht.
Ach wär' ich hingericht! Er läst mich in dem Leben /
Damit ich schmecken soll die Galle meiner Noth;
Er läst den TodesStifft auf meinen Hertzen schweben /
Denn ohne dich zuseyn / ist ärger als der Todt.
Die Sinnen wancken mir / die Feder will nicht schreiben /
Das Hertze waltzet sich und will mit Macht zu dir /
Es scheut sich ohne dich itzt mehr in mir zubleiben /
Und was nur Marter heist das find' sich itzt in Mir.
Es steht die Schuldigkeit mir trotzig im Gesichte /
Und spricht mir deutlich zu / ist diß die heisse Gluth?
Läst Albrecht seine Braut vergehen im Gerichte?
Ist dieses seine Treu? ist diß sein HeldenMuth?
Kan seine Liebe denn die Riegel nicht zerbrechen?
Verübt sie diß nicht mehr was in der alten Zeit?
Kan seine Mannheit sich nicht an den Richtern rächen?
Hat denn ein Augenblick die Kräfften abgemayt?

Hergegen muß ich auch den Schluß des Himmels hören /
Der als ein harter Schlag mir in die Ohren fällt /
Du solt / soviel du kanst / den alten Vater ehren /
Er hat dich neben Gott auf diese Welt gestellt.
Mit Eltern soll man nur mit DemuthsWaffen streiten /
Ihr Wort' und Wille soll uns ein Gesetze seyn /
Ihr Seegen kan uns Heil und Wohlfarth zubereiten /
Und Ihrer Flüche Sturm reist alles gutes ein.
So muß ich zwischen Blut und heissen Flammen liegen /
Bin schimpflich halb befleckt / und schmertzlich halb verbrennt /
Und muß den schwachen Hals für dein Verhängnüß biegen /
So diese gantze Welt vor ihren Zaum erkennt.
Ich werde nur erstummt itzunder warten müssen /
Was über dich und mich die Welt beschlossen hat /
Ich liege dem Gelück erbärmlich zu den Füssen /
Und hier bey unser Noth hat auch kein Pflaster statt.
Mit Einfall umbzugehn / den Harnisch anzulegen /
Das ist zwar Ritterlich / doch keine Hülffe nicht /
Den Vater würd' ich nur durch solche That bewegen /
Daß du noch grausamer itzt würdest hingericht.
Ich schaue nur zuviel / das Urtheil ist gesprochen /
Der Vater fleucht vor mir / und läst mich nicht vor sich /
Es hat sein harter Geist sich wohl an mir gerochen /
Er will dir an den Hals / und meinet mich durch dich.
Ich weiß kein Mittel mehr / ich rede nur mit Steinen /
Die Ohren seyn verstopft / das Hertze wird zu Stahl /
Man lacht mein Seuffzen aus und achtet nicht dein Weinen /
Man kräncket dich mit Angst und speiset mich mit Qual.
Das gröste / was mir itzt den Kern des Hertzens naget /
Ist dieses / daß ich dich in diese Noth geführt;
Ich hab' als Jäger dich in dieses Garn gejaget /
Das Eisen komt von mir / so deine Seele rührt.
Denn soltest du die Schmach von fremden Händen leiden /
Und würde deine Brust nicht durch mein Blut verletzt /
So könt ich endlich noch mich in Gedult bescheiden /

Ich sagt: es hat es so der Himmel ausgesetzt.
So soll mein Vater dich in Band' und Eisen legen /
Und meine LiebesBrunst dein Scheiterhauffen seyn /
Ja deiner Brüste Schnee zerschmeltzet meinetwegen /
Diß ist ein HöllenTranck und will mir bitter ein.
Doch alles ist ümsonst / dein Klagen und mein Hoffen /
Verschwindet wie ein Dunst und stirbet ohne Frucht /
Es hat uns in der Welt die höchste Noth betroffen /
Du wirst zum Todt / und ich zur Marter itzt gesucht.
Das Eisen so dich drückt / das will mich auch beschweren /
Das Gift so dich verletzt / würckt leider! auch in mir /
Wie solte meine Krafft sich nicht wie du verzehren?
Denn meine Seele wohnt itzt nirgends als in dir!
Ach Agnes glaub es mir / ich bin wie du gebunden /
Ich büße weil ich dich in solche Noth gebracht /
Wer deine Glieder schlägt' / der macht auch meine Wunden /
Scheinst du mir Sonne nicht / so bleib ich in der Nacht.
Doch kan und muß ich ja nach dir im Leben bleiben /
So soll dein Nahme stets in meinem Geiste stehn /
Ich will ihn dem Crystall mit Wörtern einverleiben /
Die mit der Ewigkeit in gleichen Zirckel gehn.
Ich will dein edles Grab mit tausend Thränen netzen /
Und wo der gelbe Neid es nur vertragen kan /
So will ich diese Schrifft auf deinen Leichstein setzen /
Daß auch der AfterWelt dein Ruhm sey kund gethan:
Hier ruht ein schönes Weib mit schwartzer Nacht bedecket /
Ein Schatz in dunckler Gruft aus Ungunst hingelegt /
Hier ruht die Reinligkeit / die noch kein Dunst beflecket /
Und dieses / was zuvor die Felsen hat bewegt.
Von ihrer TodesArth ist hier kein Wort zulesen /
Du weist es ohne mich die Welt ist voll Gefahr /
Ach weine / weil sie mehr als Englisch ist gewesen /
Daß bey den Menschen sie fast mehr als sterblich war.
Nun Agnes dieses soll auf deinen Leichstein schreiben /
Der einen heissen Kuß dir in Gedancken gibt /
Man kan zwar meinen Leib von deiner Seele treiben /

Doch mein Gemüthe nicht / so dich auch ewig liebt.
In meinem Geiste kan dein Bildniß nicht verderben /
Hier soll es wohl verwahrt in hohen Ehren stehn /
Und kan mein Hertze nicht mit deinem Hertzen sterben /
So laß doch meine Hand mit dir zu Grabe gehn.

Liebe Zwischen Graf Ludwigen von Gleichen und einer Mahometanin.

FOlgende Geschicht ist nicht eine von den jüngsten / und ich muß nur bekennen / daß ich gar vor einen andern diese Stelle meiner HeldenBriefe gewidmet habe. Aber ein Bedencken / und besonders die richtgierige Zeit / darinnen wir leben / hat mich von meinen ersten Gedancken abgezogen / und dieses / was im Anfange nicht meine Meinung gewesen / hier aufzusetzen angeleitet. Doch will ich von diesem nichts ferners melden / sondern die Sache so gut sie ist zu Pappier bringen. Graf Ludwig von Gleichen brachte etliche Zeit mit seiner Gemahlin im Ehestande zu. Die damahls angesponnene TürckenKriege nötigten auch diesen Helden sein Heil unter den Christlichen Fahnen zuversuchen / aber dieser Anschlag gerieth nicht der Seinigen Wunsch und seinem eigenen Fürsatze nach. Er ward in einem Treffen von dem Alcairischen Sultan gefangen. Des Vortheils seiner Geburth ward damahls gäntzlich vergessen / an statt der goldenen Sporn legte man ihm mehrentheils Fessel an / und ward gezwungen an stat der muthigen Pferde / so er zuvor beschritten / die Ochsen zu treiben / und den Pflug zu führen. Waß ingemein gesagt wird / daß ein annehmlich Auge / und ein gerader Leib die beste EmpfehlungsBriefe seyn / das ward hier wiederumb aufs neue wahr gemacht. Eine junge Tochter gemeldeten Sultans / so ihrer Ergetzung halber auf dem Felde gieng / erblickte auch diesen Fremdling mit Staub gefärbet / und alten Lumpen überzogen. Sie begunte aus etzlichen

Blicken seiner Augen / und auch etzlichen Wendungen seines Leibes leicht zuurtheilen / daß etwas würdigers an ihm were / als daß er zu einem Ochsentreiber gebrauchet werden solte. Es zog eine ungewisse Kraft ihr Auge auf daß seinige / und sie fühlte eine Regung von Wehmuth und Belustigung zusammen vermenget. Kürtzlich sie verspührte leichtlich / daß hier unversehens eine Perle auf den Mist kommen / und der Purpur zufälliger weise unter Kutzentuch geworffen worden. Diß was sie des Tages erblickt / erfrischten ihr die Gedancken / als sie nach Hause gelanget / und die Träume / als sie sich zur Ruh begeben hatte. Es nötigte sie endlich ein ungedultiger Fürwitz sich alleine auf das Feld zumachen / und diesen Frembdling ohne Nebenaugen zubeschauen. Der nechste Tag darauf ward zu dieser Sache gewidmet; Sie machte sich durch eine verborgene Tühre aus der Stadt / und erkühnete sich unsern Grafen um seine Geburth / Stand und Gelegenheit zufragen. Die anmuthige Antwort / so er ihr ertheilte / war in den Hertzen der Mahometanin wie ein Funcke / der auf einen dünnen Zunder fället / Sie ließ erstlich ein paar heisse Thränen über die Wangen rollen / entdeckte mit kurtzen und halb verbissenen Worten ihr hohes Mitleiden / und versprach mögliche Hülfleistung und RettungsMittel. Sie unterließ folgende Zeit nicht so oft es sich nur fügte ihren Frembdling heimlich zubesuchen / und die Vertrauligkeit kam endlich so weit / daß sie ihn oft mit ihrer Hand speisete / ihm die Ochsen treiben halff / und den Schweiß mit ihren Fürtuche von seiner Stirnen wischete. Dieses alles war nur ein Erleichterungs- doch kein Heylungs-Mittel. Die inbrünstige Liebe zwang sie endlich / Ihm / dafern er ihr die Ehe zusagen / und sie mit sich in sein Land führen wolte / Erlösung aus den Banden zuversprechen / auch ihn / als den die Christlichen Gesetze schreckten / über vorige Gemahlin noch eine beyzufügen / auf allerhand Arth zu solchem Fürnehmen zu ermuntern. Mit einem Worte der Handel ist leicht geschlossen / wann die Waare schön ist / und Kauffer und Verkauffer einig seyn. Ein Handschlag und ein Kuß verknüpften ihre Hertzen / sie eileten nach den Christlichen Landen. Der Graf verständigte seine Gemahlin seiner Erlösungs Freundin Ankunfft. Der Pabst ließ diesen ungemeinen Fehl ohne Buße geschehen. Sie kamen glücklichen nach Hause / die Gemahlin empfing die Mahometanin freundlich / und räumete ihr Bett und Hertz ein. Einigkeit und Seegen wiewohl ohne LeibesErben / schwebeten über dieser Liebe / und das Grab zu Erfurth / da sie alle drey die Asche unter einem Stein vermischet haben / zeiget gnugsam wie edel ihr Feuer hat müssen gewesen seyn.

Graf Ludwig an seine Gemahlin.

EIn Brief aus frembder Luft doch von bekanten Händen /
Begrüßt und küßt dich itzt / so gut er küssen kan /
Es heißt die grüne Treu mich dieses übersenden /
Ich weiß du nimbst es auch mit solchen Hertzen an.
Ich darf dir nicht zuviel von meinem Namen sagen
Die kleinste Silbe hier entdeckt dir wer ich bin /
Sie denckt mein Hertze dir / wo möglich / fürzutragen /
Und reicht / so gut sie kan / auch diß im Briefe hin.
Du kenst die alte Schrifft und auch die alten Sinnen /
Die noch kein Saracen hat in die Fessel bracht /
Ich schwere / daß sie dich so eifrig lieben können /
Als in dem HochzeitTag und in der ersten Nacht.
Du weist die Liebe läst sich nicht durch Meilen messen
Sie wächst nicht ungemein in unbekanter Luft.
Was recht gegründet ist / das läst sich nicht vergessen /
Und ihre Wurtzel dringt biß in die kalte Gruft.
Durch Hitze kan sie nicht wie Blum und Gräser sterben
Die Kälte hemmt sie nicht wie einen Wasserfluß /
Die Nässe weiß sie nicht wie Farben zuverderben /
Man schaut wie Staal und Stein ihr oftmahls weichen muß.
Die wahre Freundschafft kan kein Saracen beschneiden /
Es stöhrt der Alcoran getreue Liebe nicht /

Es kan der Mahomet Sie in dem Tempel leiden /
Und keine Satzung ist / so ihr zuwieder spricht.
Mein Schatz / itzt heisset mich ein Zufall klährer schreiben /
Es mindert wie es scheint / sich nun das alte Joch /
Ich kan mit mehrer Lust itzt meine Rinder treiben /
Und mein Gelücke blüht auch untern Heyden noch.
Ein Edles Weib von mehr als Fürstlichen Geblüthe /
(Ich weiß nicht ob sie mir Weib oder Engel ist)
Die hat vor kurtzer Zeit mit traurigem Gemüthe
Mein schweres Joch betracht / und meine Noth erkießt.
Es schien / sie ward durch mich und meine Qvaal gebunden /
Kein Striemen lief mir auf / den sie nicht auch empfand /
Die Schäden so ich trug die wurden ihr zur Wunden /
und meine Dinstbarkeit war ihr gemeines Bandt.
Der Schweiß auf meiner Brust hat Thränen ihr erreget /
Mein Seuffzer hat bey ihr die Wehmuth angesteckt /
Und meine Knechtschafft hat sie in ein Joch geleget /
Das nach der Tugend reucht / und keinen Hals befleckt.
Sie hat gar manchesmahl in einem schlechten Kleide /
In Sicherheit zugehn / mich armen Knecht besucht /
Die Tugend war ihr Gold / die Wehmuth ihre Seyde /
Und ihr erhitzter Wunsch bestand in meiner Flucht.
Sie half mir manchesmahl die faulen Ochsen treiben /
Wann sie zugegen war / so hatt' ich halbe Müh /
Sie ließ mich leichtlich nicht zu matt und hungrig bleiben /
Doch wünscht ich ihre Kost noch nicht so sehr als Sie.
Ihr Fürtuch hat mir oft den sauren Schweiß vertrieben /
Und ihr gemeinstes Wort war diß: Dich laß ich nicht.
Wie solt ich / liebstes Weib / nicht eine Seele lieben /
Die mich dir wiederbringt / und meine Fessel bricht?
Nicht meine / daß mich hier ein Geist der Wollust treibet
Zeit und auch Ungelück hat solches längst verjagt.
Denn wem der Tugend Stam recht an der Brust bekleibet /
Der höret leichtlich nicht / was ihm ein Laster sagt.
Itzt soll ich ihren Dienst durch meinen Leib belohnen /
Die Müntze / so sie sucht / ist meines Mundes Kuß /

Sie acht mein Hertze mehr als ihres Vatern Cronen /
Und liebst du deinen Mann so lieb auch ihren Schluß.
Ich werd in künfftig sie mit deinem Namen nennen /
Scheint dir die Zahlung groß / die Schuld ist ungemein /
Wer nur vernünfftig ist muß diß mit mir bekennen /
Der Gott so Zucht befiehlt / heist uns auch danckbar seyn.
Dein Glimpf muß ihre Treu wie sichs gebührt bezahlen /
Daß du mich schauen wirst hat ihre Hand gethan /
Dir bleibet doch der Kern / sie sättigt sich mit Schalen /
Du hast das beste Brodt / sie nimt die Brocken an.
Kan sie von wegen mein des Vatern Hof verlassen /
Und führt mich wiederumb zu Hause freudig ein /
So mustu warlich sie als Schwester auch umfassen /
Und eben so wie mir auch ihr gewogen seyn.
Doch Eyfer wird bey dir sich nicht ereignen können /
Denn dieses ist ein Trieb der unsre Geister kränckt /
Wenn etwas neben uns sich heimlich will entspinnen /
So dieses was man liebt / uns zuentziehen denckt.
Ein frembdes Weib so dich und mich nicht weiß zu nennen
Verläst des Vatern Burg und ihrer Mutter Schoß /
Und macht / was selten ist / du wirst es ja erkennen /
Nach langer Dinstbarkeit mich meiner Bande loß.
Die Rauigkeit der Luft / Stein / Wasser / Berg und Hecken /
Wild / Regen / Nebel / Schnee / Wind / Hagel / Eiß und Frost /
Durst / Hunger / Finsternüß / Sand / Wüste / Furcht und Schrecken /
Trieb ihren Fürsatz nicht aus der getreuen Brust.
Sie läst die Crone stehn / mit Lust dich zu umkräntzen /
Sie will in Armuth seyn zufüllen deine Handt /
Sie trägt der Aeltern Zorn / sie weicht von ihren Gräntzen /
Und läst / dir guts zuthun / ihr rechtes Vaterlandt.
Du must / geliebtes Weib / das Hertze mit ihr theilen /
Empfähst du mich / so nim auch meinen Leitstern an /
Und dencke: daß ich kan zu Weib und Kindern eilen /
Hat diese Frembdlinge / fast mehr als ich / gethan.

Ein mehrers will ich dir bey meiner Ankunfft sagen /
Die Feder reimet sich zu vielen Reisen nicht;
Kanst du im Hertzen Treu / und Witz im Geiste tragen /
So ist der kurtze Brief dir gar genug Bericht.
Laß unterdessen mir Hertz / Hauß / und Lager offen /
Ich schreite schon im Geist bey dir mit Freuden ein;
Doch will ich auch / mein Schatz / diß ungezweiffelt hoffen /
Daß Lager / Hertz / und Haus wird vor die Frembde seyn.

Die Gemahlin an Ludwig.

ES bringt der kleine Brief dir mehr getreuer Grüsse /
Als Freude sich itzund in meinem Hertzen regt /
Ich schwere / daß ich dich recht in Gedancken küsse /
Und meine Seite sich an deine Seite legt.
Verzeihe / Liebster Schatz / doch meinen schlechten Schreiben /
Daß Wort und Zeilen nicht in rechter Ordnung stehn;
Wem Freud und Zuversicht die schwachen Finger treiben /
Dem wil die Feder nicht in gleicher Wage gehn.
Bald lesch' ich etwas aus / bald mach' ich neue Zeilen /
Bald werd' ich halb entzuckt / bald schlaf ich drüber ein /
Bald wird die Feder faul / bald wil sie fertig eilen /
Und heist offt einen Kleck an statt der Wörter seyn.
Ich weiß nicht wie mir ist / und kan mir selbst nicht trauen /
Ob mein Gesichte hier den wahren Zweck erkiest?
Ob meine Hoffnung auch recht feste weiß zubauen?
Ob nicht ein schlechter Dunst itzund mein Grundstein ist?
Bald reiß' ich wiederum aus diesen falschen Schrancken /
Und schaue deinen Brieff mit scharffen Augen an /
Umbschlüsse mit Vernunfft die flüchtigen Gedancken /
Weil solche Klarheit ja mich nicht verblenden kan.
Ich schaue klar genug und küsse mein Gelücke /
So itzt mit seiner Hand die öden Nächte stöhrt /
Ich spühre wiederum des Himmels warme Blicke /

Der dich mir auf das neu aus seiner Schoß verehrt.
Was hab ich nicht bißher in Einsamkeit erlitten?
Was hat mir nicht vor Angst gefesselt Geist und Sinn?
Was hat mich nicht vor Furcht zu mancher Zeit bestritten?
Daß ich / wie mich bedeucht / mir fast nicht ehnlich bin.
Wie hab ich manchesmahl nach deinem Abereisen /
Wenn ich erwachet bin / die Hand nach dir gestreckt?
Wie offtmahls hat ein Traum dich mir in Band und Eisen
Erschrecklich fürgestellt / und denn mich aufgeweckt?
Bald hab' ich schlaffende gemeinet dich zuküssen /
Und meinen Irrthum denn aus leerer Lufft vermerckt /
Man schaut die Menschen ja am allermeisten büssen /
In dem der Mangel uns die alte Lust versterckt.
Bald hat dein HochzeitKleid / bald haben deine Ringe
Die Pfänder erster Gunst / mir Zähren ausgeprest /
Kein Mensch berichte mich / wie dir es noch ergienge /
Ich schrieb ohn alle Frucht nach Nord / Süd / Ost und West.
Wenn nur ein Thor aufgieng / so meint' ich dich zu hören /
Was eine Tasche trug / das must ein Bothe seyn /
Ich ließ mich iedes Kind / ja ieden Ruf bethören /
Und blieb doch iederzeit verwittibt und allein.
Wenn ich zu Tische gieng und schaute deine Stelle /
Da wir uns offt erfüllt mit Speisen Wein und Lust /
So ward das Zimmer mir zu einer rechten Hölle /
Zu Galle ward mein Wein /zu Wermuth meine Kost.
Der freudenreichen Lust verliebtes Angedencken
War diß / so meinen Geist recht auff die Folter nahm /
Nichts konte mich so sehr in meinem Hertzen kräncken /
Als wenn dein Bildnüß mir in das Gesichte kam.
Der Kinder stetes Wort: Wo muß der Vater bleiben?
War mir ein herber Stoß / den meine Seel empfing /
Des Jammers ist zuviel / ich kan dir nicht beschreiben /
Was vor ein harter Wind durch meine Geister ging.
Itzt ziehn die Wolcken weg / mein Stern begint zu scheinen /
Der Himmel streicht mein Hauß mit lichten Farben an /
Und er verbeut mir fast dich ferner zubeweinen /

Ach daß ich dich mein Schatz nicht bald umfassen kan!
Was aber schreibest du / und trachtest itzt zuwissen /
Ob die ErlösungsArth mir auch verdrießlich fällt?
Wie solt ich nicht die Hand zu tausendmahlen küssen /
So mir mein Bette füllt / und dich in Freyheit stellt?
Ich will sie warlich nicht nur vor ein Weib erkennen /
Die bloß in Fleisch und Bluth / wie ich und du besteht /
Ich will sie ungescheut stets einen Engel nennen /
Der nur zu unserm Schutz mit uns zu Bette geht.
Ich will mich ihr als Magd / zu ihren Füssen legen /
Ihr wollen soll forthin mir ein Gesetze seyn /
Ich halte sie in Ernst vor unsers Hauses Seegen /
Und geb' Ihr selbst mein Hertz zu einem Zimmer ein.
Wie solt' ich thörichte die Schale nicht verehren /
Darauf der Himmel dich mir überreichen will?
Mein Ohre soll ihr Wort wie die Gebothe hören /
Für dem der Alten Volck auf das Gesichte fiel.
Ich will nach ihrer Arth das Lager zubereiten /
Ich laß Ihr billich halb / was sie mir gantz geschenckt /
Mein Fuß wird nur allein nach derer Wincken schreiten /
Die mir noch unbekant / doch auf mein bestes denckt.
Nun kom Geliebter Schatz! des Glückes weiche schwingen
Wo nichts verderben kan / umschlüsse deinen Leib /
Es wolle dich erfreut in diese Stelle bringen /
Da dich empfangen kan Land / Freunde / Kind und Weib.
Es müsse Sicherheit entsprüssen auf den Wegen /
Dahin du setzen must den abgematten Fuß /
Und wo du wirst dein Haubt zuruhen niederlegen /
Da rege sich zugleich der Seegensüberfluß.
Es müsse dich die Kraft gesunder Luft begleiten /
Die Dornen müssen nicht verfälschen deine Bahn /
Er lasse dich gesund in meine Stube schreiten /
Daß auf den Lippen ich die Rosen brechen kan /
Vor Freuden tritt mir itzt das Wasser ins Gesichte /
Und rollet unvermerckt wie Perlen ums Papier /
Ich weiß du hält'st das Wort nicht etwan vor Getichte /

Die Silben seyn verlescht / du schaust die Zeugen hier.
Dein Leitstern sey gegrüst! doch wil ich Ihrentwegen
Auf kein zu grosses Bett' immittelst seyn bedacht;
Denn wird die Liebe sich mit uns zu Bette legen /
So wird der kleine Raum bald werden weit gemacht.

Liebe Zwischen Rudolphen Königen in Burgundien und Einer führnehmen Marckgräfin Ermegarden /

DAmals als es wegen RegierungsSachen in Italien oder vielmehr in Lombardien ziemlich verworren hergieng / und einer dem andern entweder mit Gewalt oder mit List von dem Throne drang / geschahe es / daß nach Königs Berengars Tode / so vom Flamberten jämmerlich ermordet worden / Rudolph König in Burgundien / wie er albereit einen guten Anfang gemachet / sich des Reiches anmassete. Es lebete dazumahl eine junge Wittib / eines mächtigen Marckgrafens hinterlassene Gemahlin / eine von den anmuthigsten ihrer Zeit / und die ihr hochangelegen seyn ließ den Scepter der Liebe und des Regiments zugleich in ihren Händen zuführen. Die Großen / gegen die itztgedachte Heldin nicht zu unbarmhertzig war / hielten es vor eine Ehre aus derselben Munde Gesetze zuempfangen / den sie so offt mit Liebligkeit zuvor geküst hatten / und der gemeine Mann billichte das Urtheil der Fürnehmen / wie dann auch mehr gedachte Marckgräfin sich allbereit der Hauptstadt in Lombardi Paviens bemächtiget / und in wenig anderer Beschaffenheit als Königin darin Hof hielt. Rudolphen / der wegen hochwichtiger Geschäfte auf etliche Zeit in sein voriges Königreich Burgundien gereiset war / gefiel diese gefährliche Neuerkeit über die massen übel / wie er dann auch schleunig mit einer ziemlichen Kriegesmacht nach Italien rückte / und mit denen Völckern / so ihm der Bischoff von Meilandt zugesendet / sich vor Pavie legte / in Meinung die Löwin nunmehr in ihren Lager zubesuchen. Ermegarde / so keine Mittel mehr übrig sahe / sich gegen diesen strengen Feind zuschützen / vertrauete endlich die Sache der Feder / und schrieb an Rudolphen durch eine gewisse Persohn einen Brief / der ihm auch / ich weiß nicht durch was verborgene Kraft / dahin trieb / das er die seinigen zuverlassen / und zu dieser süssen Feindin zufliehen ihm fürnahm. So muß / wann das Verhängnüß will / der Harnisch zu einem Hochzeitkleide / und der Wall zu einem Brautbette werden. Rudolph gieng selbige Nacht / als er ihm seine Flucht fürgenommen / zeitlich schlaffen / wenig Stunden hernach machte er sich auff / und flohe nebenst einen abgeordneten / der ihm den Weg zeigte / eilend auf Pavie. Wie ihn alda die hitzige Ermegarde wird empfangen haben / gebe ich diesen zuerwegen / so in dergleichen Sachen nachdencklicher als ich seyn. Dieses melden die Geschichtschreiber / daß seine Obersten bey angebrochenen Tage etliche Stunden nicht gewust / was sie wegen so langer Ruh ihres Königes ihnen gedencken solten / endlich aber aus Argwohn daß er nicht etwa wie ein Holofernes ermordet sein möchte / die Cammer eröffnet und ein leeres Bett angetroffen haben. Da denn auch bald erschollen / daß Rudolph sich nach keiner Judith / sondern einer Helenen umgesehen / weßwegen denn und aus Furcht eines geschwinden Uberfalles sich das gantze Läger verlauffen / diese zwey Liebhabende aber von diesem Reiche endlich nichts mehr genossen / als die liebreiche Hoffnung / das Sie haben regieren wollen.

Ermegarde an Rudolphen.

HIer ist ein kleiner Brief mit Schertz und Ernst gefüllet /
Der Gall' und Honigseim in seiner Schoß enthällt /
Auß welchen / gläub es mir / dir Todt und Leben qvillet /
Erwehle dir nunmehr dieß was dir wohlgefällt.
Ich lasse dich itzund mich ohne Maßqve schauen /
Ich stelle deinen Fall in hellen Farben für /

Und willst du alzuviel auf deine Reuter trauen /
So hab ich mehr als du: die Hertzen seyn bey mir.
Ein Wort / ein Blick von mir kann tausend Lantzen stehlen /
Die besten Bogen seyn auf mein Geboth gespannt /
Es wird mir nimmermehr an grossen Helden fehlen /
Als Schlangen hab ich sie zu meiner Fahn gebannt.
Waß nur zwey Finger rührt hat dir den Todt geschworen /
Du bist mir allbereit im Geiste hingericht /
Begrüst du mich als Feind / so halt dich vor verlohren /
Verschertze doch dein Volck und dich auch selber nicht.
Was nur nach Eisen reucht begehrt dich zuerdrücken /
Drum / dencke wo du bist / und endlich was du thust /
Ich darf nur einen Blick nach deinem Lager schicken /
So kehrt dein eigen Schwerdt sich gegen deine Brust.
Ach König wilt du dich mit HoffnungsSpeisen nehren /
Sie blehen trefflich auf und geben keine Krafft /
Wer ohne rechten Grund will alzuviel begehren /
Dem wird auch was er hat / noch endlich hingeraft.
Kein Spiegel treuget mehr / als den der Wahn uns zeiget /
Gefahr muß hier ein Zwerg / Gelück ein Riese seyn /
Man schaut wie unsre Lust aus ZuckerRosen steiget /
Man spüret keine Nacht / nur lauter Sonnenschein.
Es zeiget sich allhier ein Jahrmarckt voller Cronen /
Die Scepter scheinen uns wie ein gemeiner Stab /
Die LorberKräntze seyn gemeiner als die Bohnen /
Hier ist kein HeldenFall und auch kein TodtenGrab.
Doch endlich will uns nur diß LustSchloß gantz verschwinden /
Der Fürhang fällt herab / das Spiel ist ausgemacht /
Die Lampen leschen aus / es ist nichts mehr dahinden /
Man mercket nichts als Rauch / und spühret nichts als Nacht.
Dann steht man gantz betrübt mit wunder-schlaffen Händen /
Und schaut was man gethan / mit neuen Augen an;
Wohl diesem der sich nicht die Hofnung läst verblenden /
Und seinen Irrthum noch vernünfftig ändern kann.

Vermeinst du daß ich hier mit blossen Worten schrecke /
Und dieses alles nur pappierne Feindschafft sey /
So bitt' ich dich / zerreiß der Augen faule Decke /
Und mache dich nun selbst der falschen Blendung frey.
Ich warne noch itzund / es ist ein LiebesZeichen /
Hier ist noch Sonnenschein / und nicht ein Donnerkeil /
Allhier versuch ich noch ob ich dich kan erweichen /
Dann find ich keinen Feind / so brauch ich keinen Pfeil.
Wird durch mein Schreiben nu dein Schwerd zur Ruh geleget /
So fahr ich Himmel an und wünsche das der Tag /
In welchen Rudolph hat die Waffen hingeleget /
In der Geschichten Buch der Nachwelt kommen mag.
Ich weiß des Ruhmes Hand wird dich mit Blättern ziehren /
Die immer grüne stehn / die keine Zeit befleckt /
Und deinen Nahmen wird sein Flügel weiter führen /
Als wo der Elephant sich an die Sonne streckt.
Gedencke was du hast zu deinen Feind erkohren /
Und gegen was dein Volck itzund ein Lager schlägt;
Du weist es ohne mich / ich bin ein Weib gebohren /
Doch die ein MannesHertz in zartem Leibe trägt;
Ich bin es nicht gewohnt also bedient zuwerden /
Geburth und Eigenschafft treibt mich zuhöhern an /
Ach König glaub es mir / die Anmuth der Geberden
Hat gegen Frauen mehr / als Schwerd und Helm gethan.
Was nicht sein Segel streicht / was nicht die Lantze sencket /
Dem bleibet Thor und Post verschlossen iederzeit /
Und welcher Held bey mir zu siegen ihm gedencket /
Der waffne seine Brust zuvor mit Höffligkeit.
Es wird dein gantzes Heer eh' alle Köcher leeren /
Als du bezwingen wirst das edele Pavi' /
Du wirst durch solchen Streit nichts als dich selbst verzehren /
Drum so du siegen wilst / so sieg auch ohne Müh.
Ich lasse / bist du Freund / dir Hertz und Gatter offen /
Doch ließ auch dieses Wort / dir eintzig und allein /

Dergleichen hat dein Volck zu keiner zeit zuhoffen /
Du solt von mir geküßt und Sie geschlagen seyn.
Der Bothe / den du schaust / der wird dich sicher führen /
Der Außzug aller Lust erwartet deiner hier /
Und läßt du dir dein Häupt mit einer Crone ziehren /
So schau auch ob sie mir so zierlich steht wie dir.
Laß deinen hohen Geist dich nicht zurücke lencken /
Man kan nicht allezeit mit vollem Segel gehn /
Wer alle Stunden will auf Berg und Wippel dencken /
Wird offtmahls in dem Thal und bey der Wurtzel stehn;
Du bist / ich schwere dir / dißmahl zuweit gegangen /
Und wer ich Feindin nicht allhier dein bester Rath /
So hätte dich das Garn / als wie ein Wild gefangen /
Verachtest du die Hand / so dich erlöset hat?
Ich bin kein schlechtes Weib / wer rühmt nicht mein Geblüthe?
Ist meiner Ahnen Lob dir nicht genug bekannt?
Es lobt sich ohne mich; mein hurtiges Gemüthe
Wird endlich fast zugroß vor dieses weite Landt.
Kom / kom und säume nicht / itzt hast du Zeit zu eilen /
Schmach und Verrätherey will deiner Crone bey;
Auf Schwerdtern stehest du / und unter tausend Pfeilen /
Ach lerne daß dein Schutz bey deiner Feindin sey.
Dir beuth der stoltze Po den Silberweissen Rücken /
Die Vorburg / ja mein Schloß nimt dich mit Freuden an /
Der Weg ist dir gebähnt: dem manglen keine Brücken /
Wer die Gelegenheit vernünfftig brauchen kan.

Rudolph an Ermegarden.

ICh weiß nicht was dein Brief vor Regung in mich jaget /
Ein Wort das warnet mich / das andre dreuet mir /
Es scheint wie ieder Reim mir in die Ohren saget /
Ach Rudolph siehe dich auch vor dir selber für.
Ich sage wie es ist / ich kam hieher zufragen /

Was vor ein stoltzes Haubt die welsche Crone sucht /
Man schaute dieses Heer Schwerdt / Pfeil und Feuer tragen /
Es ward Pavie und du von iederman verflucht.
Mein heisses Hertze lag voll heisser ZornesFlammen /
Mich deucht / ein Blick von mir der steckte Dörfer an /
Wie reimt sich aber heut und gestern doch zusammen?
Wohl dem der allezeit beständig bleiben kan.
Ihr Frauen traget nur das Kraut in euren Händen /
So Stahl zu weichem Wachs und Stein zu Wasser macht /
Ihr könt / O schöne Kunst / den Himmel selbst verblenden /
Und seyd bey eurer Lust auf unsre Noth bedacht.
Ihr brauchet unsern Witz / als wie das Schilff im Strande /
Bald richtet ihr ihn auf / bald drücket ihr ihn ein /
Ihr baut euch eine Burg aus Steinen unsrer Schande /
Und heist uns offtermahls nur viertel Menschen seyn.
Ihr streicht oft unser Schwerd damit ihr wolt verwunden /
Mit süssen Balsam an / schlagt und beklagt zugleich /
Der Krancken lachet ihr und schont nicht der Gesunden /
Und unsre Dienstbarkeit ist euer Königreich.
Das weigern wisset ihr mit Freundschafft zuverkleiden /
Ihr weint bey dessen Noth / der euch doch Thäter nennt /
Ihr überredet uns in Wehmuth selbst zu leiden /
In dem uns Hertz und Geist ohn alle Hülffe brennt.
Ihr seyd ja der Natur berühmte Wunderwercke;
Man nennt euch kalt von Arth / und steckt die Männer an /
Man heist euch schwachen Zeug / und spottet unsrer Stärcke /
Man braucht euch nicht in Krieg / und führt die SiegesFahn;
Was wil ich aber euch noch EhrenSäulen bauen /
Es ist zuviel gebaut / man macht mich selbst dazu /
Ich meinte Pavie im Feuer anzuschauen /
Was itzo brennen soll / O Hertze / das bist du.
Ich bin nicht was ich war / ich bin mir frembde worden /
Mein Fessel lieb ich mehr als vormals Helm und Schwerdt /
Diß Leiden nennt mein Brief zwar einen strengen Orden /
Doch in den Hertzen schein ich nicht der Marter werth.
Die Wunden jucken mich / ich spiele mit den Banden /

Der Ketten scharffer Schall ist mir ein Lautenklang /
Ich lache / wenn mein Schiff der Freyheit komt zustranden /
Und Seuffzer seyn nunmehr der beste Lobgesang.
Nun / Ermegarde schau diß was du selbst erfunden /
Ließ diesen kleinen Brief / den deine List erdacht /
Die Dint' ist anders nichts als Blut aus meinen Wunden /
Durch heisse LiebesBrunst verbrennt und schwartzgemacht.
Für dir leg ich gebückt die steiffe Lantze nieder /
Mein Helm berührt itzund in Demuth deinen Fuß /
Und ist ein König dir nicht allzusehr zuwieder /
So geb ich als ein Knecht dir einen heissen Kuß.
Mein wohlgewapfnet Heer gedenck ich zuverlassen /
Und werde nu verblendt ein PossenSpiel der Welt /
Will mich dein schöner Arm mit seiner Gunst ümfassen /
So mein ich / daß ich sey dem Himmel zugesellt.
Der Purpur / den dein Mund auf seinen Lippen führet /
Das Gold / so die Natur in deine Haare flicht /
Und mehr / das süsse Gifft / so deine Briefe ziehret /
Hat mich / wie starck ich war / verborgen hingericht.
Mich däucht ein süsser Dampf stieg aus den kleinen
Schreiben /
Es grief ein Nebel mich und meine Kräfften an /
Ich fühlte mich alsbald durch eine Regung treiben /
Der auch die Herrschafft selbst muß werden unterthan.
Sie riß mich aus mir selbst / sie brach mir Geist und Willen /
Und machte daß ich itzt mir nicht mehr ähnlich bin /
Sie hieß auch diesen Trieb / den du erweckst / erfüllen /
Und giebt mich endlich dir als einen Sclaven hin.
Es mag mein Heer nunmehr nach seinem Willen leben /
Als FeldHerr schau ich itzt nicht ihren Thaten zu /
Es mag ein ieder sich wohin er will begeben /
Die Lieb ist ietzt mein Krieg / die Walstadt aber du.
Ich acht es nicht zuviel was der und jener saget /
Was trift auf dieser Welt der Menschen Urtheil nicht?
Wer alles tadeln wil was andern wohl behaget /
Wird endlich durch das Schwerdt des Unmuths hingericht.

Und wer auch alles fleucht / was der und jener hasset /
Erkieset nimmermehr / was rechte Freude heißt /
Ich folge diesem Zaum / an den ich bin verfasset /
Und der mich itzt erhitzt zu deinen Brüsten reißt.
In sieben Stunden will ich dein Gesichte schauen /
Ich wart' auff nichts so sehr als auff die Mitternacht /
Ich hoff auch / eh' es tagt / ein Lusthauß mir zubauen /
Da die Ergetzligkeit mit klaren Augen wacht.
Ich will auf deiner Brust in Freundschafft mich umschantzen /
Umbzirckt mit heisser Lust / entnommen der Gefahr /
Wir wollen mit bedacht des Friedens Oelzweig pflantzen /
Davor der KriegesDorn mit seinen stacheln war.
Es mag mein kühnes Heer sich wie es will ergetzen /
Es bleibt ein ieder ihm nur selbst der beste Rath /
Sie mögen Ihren Fuß auf Woll' und Rosen setzen /
Nach dem sein Paradieß ihr Fürst gefunden hat;
Doch treibet sie die Lust zu mehrem Streit und Kriegen /
So wiederfahr' ihn' diß was itzt ihr Wunsch begehrt /
Ich trachte diese Nacht im Felde nicht zu siegen /
Und meine Freud ist mehr' / als ihre Beuthe werth.
Und sagte gleich die Welt / ich hätte sehr gefehlet /
Wer fehlt und fället nicht? Ich bin ein Erdenkloß /
Es ist mir / fall' ich gleich / ein schöner Orth erwehlet /
Ich falle nirgends hin / als nur in deine Schoß.

Sonnet.
Vergänglichkeit der schönheit.

ES wird der bleiche tod mit seiner kalten hand
Dir endlich mit der zeit umb deine brüste streichen /
Der liebliche corall der lippen wird verbleichen;
Der schultern warmer schnee wird werden kalter sand /
Der augen süsser blitz / die kräffte deiner hand /
Für welchen solches fällt / die werden zeitlich weichen /
Das haar / das itzund kan des goldes glantz erreichen /
Tilgt endlich tag und jahr als ein gemeines band.
Der wohlgesetzte fuß / die lieblichen gebärden /
Die werden theils zu staub / theils nichts und nichtig werden /
Denn opfert keiner mehr der gottheit deiner pracht.
Diß und noch mehr als diß muß endlich untergehen /
Dein hertze kan allein zu aller zeit bestehen /
Dieweil es die natur aus diamant gemacht.

TrauerGedicht bey Absterben eines vertrauten Freundes.

MEin Freund wo ist die Zeit da unsre grüne Jugend
Die AnmuthsBluhmen brach und FreundschaftsAepfel laß /
Als ich nicht weit von dir als Schul-Geselle saß /
Erquicket durch den Saft der Wissenschaft und Tugend?

Wir lebten dazumahl in einer süssen Ruh /
Und schauten unberührt dem Weltgetümmel zu /
Es machte Krieg und Pest uns gar geringen Schrecken.
Die Einfalt hieng uns Schild und Giftbedämpfung an /
Wir liessen KriegesRuff uns schlechte Furcht erwecken /
Und zeigten wie man auch bey Unruh ruhen kan.
Es war der Glockenklang bey etzlich tausend Leichen
Uns ein gemeiner Schall / wir dachten / daß die Pest
Wie grausam sie auch scheint noch Menschen übrig läst /
Daß Glutt und Kugeln nicht durch iede Häuser streichen /
Es war uns Troja mehr als Mantua bekandt /
Und mehr das alte Rom als Eng- und Niederland /
Es war uns Elb und Rein ein unbekandtes Wesen /
Was bildeten wir uns nicht von der Tiber ein?
Und was wir von Athen und von Corinth gelesen /
Hieß Londen und Pariß geringe Flecken seyn.
Wir schmeckten dazumahl den Frühling unsrer Jahre /
Der kleinste Garten war vor uns ein Paradieß /
Wir dachten das die Luft nur Rosen auf uns bließ /
Es war der Bezoar uns unbekante Wahre.
Auf unsrer Seiten gieng fast nichts als Freudigkeit /
Vertrauligkeit und Lust verkürtzten uns die Zeit /
Kein Unmuth kont in uns die FreudenCircul stören /
Wir hielten Ja und Nein vor unsern grösten Schwur /
Wir liessen keinen Glantz und Fürnüß uns bethören
Und suchten nur allein der Einfalt reine Spur.
Verdacht und Argwohn war entfernt von unsren Sinnen /
Betrug das war vor uns ein Wort der neuen Welt /
Ein Quintlein reiner Lust war unser LagerGeld /
Kein Irrlicht fauler Brunst hat uns verleiten können /
Ein Einfaltreiner Schertz war unser Zeitvertreib /
Kein Schmuck deckt unsren Geist / kein Gold druckt unsren Leib /
Glaß und auch Diamant war uns von gleicher Würde /
Es hielt die Redligkeit den Hoff auf unsrer Brust /

Es druckt uns dazumahl noch keine SorgenBürde /
Kein Eyfer und Verdruß verpfeffert uns die Kost.
Doch dieser Garten trug nicht süsse Lagerfrüchte /
Verstand und Zeit zubrach das Wohnhaus unsrer Lust /
Viel frembde Regungen beschwungen Geist und Brust /
Und machten unser Thun wie leichten Schnee zunichte /
Wir lernten daß der Zeug der Welt nicht Farbe hält /
Daß Freud' als Stroh versteubt / und Gunst wie Glaß zerfällt /
Der Eydschwur nicht genung der Menschen Treu verbindet /
Das keine Stunde recht der andern ähnlich ist /
Daß sich Verdruß und Tod in Lust und Kost befindet /
Und man bey Salbey Gift und Molchen hat erkiest.
Es kitzelt' uns ein Trieb die frembde Luft zuschauen /
Im reisen suchten wir das allerhöchste Gutt /
Der Zeug' entfernt zuseyn bewegt uns Geist und Blut /
Wir meinten dar und dort ich weiß nicht was zubauen /
Wir bildeten uns ein / daß Weisheit und Verstand
Uns nicht gewehret wird als nur durch frembde Hand /
Daß nur der Künste Kern in frembden Schalen stecket /
Daß andre Luft uns mehr als unsre witzig macht /
Daß dieser Himmel nicht des Geistes Kraft erwecket /
Und die Natur allein in frembden Orten lacht.
Und diese HertzensLust war endlich auch gebüsset;
Die alte Meisterin der Menschligkeit / die Zeit /
Bewieß / daß der Genieß mit Eckel diß bestreut /
Was uns die HoffnungsHand alleine hat versüsset.
Wir schauten daß das Feld so Kunst und Weißheit hegt /
Auch Wolfsmilch fauler Lust und FeindschaftsNesseln trägt /
Daß fremde List sich auch zu fremden Sprachen setzet /
Daß von der Zierligkeit oft Treu und Glauben weicht /
Und manches schöne Land / so uns zusehr ergötzet /
Vor reine Lilien auch Kröten überreicht.

Wir kamen / du von Nord / und ich von Ost zurücke /
Das scharffe KriegesSchwerd verschrenckt uns unsern Lauff /
Die allgemeine Noth hub unsre Reisen auff /
Wir schauten nichts vor uns als jammerreiche Blicke /
Wir funden manche Stadt in Ziegelgrauß verkehrt /
Das Feld unangebaut die Dörffer gantz verhert /
Dem Pfluge war verwehrt den Acker zu bestreichen /
Und solcher Anblick bließ uns diese Wörter ein:
Der MenschenLeben ist den Büchern zuvergleichen /
Da schwartzer Noten viel / und weiser wenig seyn.
Wir dachten / daß die Zeit so uns mit Feuer dreuet /
So mit dem Donner schreckt und alles traurig macht /
In einem Augenblick aus trüben Wolcken lacht /
Und durch den Gegenschein der Wolfahrt uns erfreuet.
Daß vieler Wochen Angst durch Freude kan vergehn /
Daß Lust und Unlust hier in stetem Wechsel stehn /
Daß dieser Welt Verdruß sich endlich läst vertreiben:
Die Hoffnung bleibet doch das Labsal unser Noth:
Weil wir in Pilgramschaft des Lebens müssen bleiben /
So reicht die Hoffnung uns das beste ReiseBrodt.
Wir liessen uns allso den Schluß des Himmels leiten /
Der uns geführet hat durch Berge See / und Land /
Wir unterworffen uns desselben starcken Hand /
Die uns alleine kan den Ehrenstul bereiten.
Wir lachten manchesmahl bey nicht zu gutem Spiel /
Wir dachten wer verkehrt / diß / was der Himmel wil?
Wir liessen die Geduld des Geistes Pflaster werden /
Das Wetter schauten wir mit steiffen Augen an /
Wir wusten das der Blick von traurigen Geberden
Uns nur verächtlich macht / und nichts verbessern kan.
Es mehrten dergestalt sich auch zugleich die Jahre /
Doch mit Verminderung der Freudigkeit und Ruh /
Es wuchs uns nach und nach der Kräften Abfall zu.
Das Alter bleibet doch der Aufboth zu der Bahre.
Die Sorgen bauten auch ihr Zeughauß bey uns auf /

Der Freudigkeit verschloß der Unmuth ihren Lauff /
Die Kranckheit zeigte sich in Lenden / Haubt und Beinen /
Es war vor uns nicht mehr ein gantzer Feyertag
Es plagten dich und mich nicht selten Sand und Steine /
Doch mehr der Sorgen-Grieß / so uns im Geiste lag.
Die Nacht von der Natur zur Ruhzeit uns geschencket /
So fast der gantzen Welt Entledigung verspricht /
Schloß uns die Augen zwar / doch unsern Kummer nicht /
Wie hat bey kurtzem Schlaff uns mancher Traum gekräncket?
Die Nacht ist ins gemein der Angst Vergrössungs-Glaß /
Viel wachte bey uns auf / was sonst entschlaffen saß.
Wie manches Trauerspiel entspann sich in Gedancken /
Wir seufzten biß das Licht der goldnen Sonne schien /
Sie rieß uns der gestalt zwar aus der Nächte Schrancken /
Doch nahm sie nicht ein Loth von unsrem Kummer hin.
So taumeln wir mein Freund auf dieses Lebens Wegen /
Biß uns der Wolfahrt Ost / und unsrer Sorgen West /
So man das Sterben heist / aus schweren Fesseln läst /
Und unser Fuß entweicht den Dornen-reichen Stegen.
Wer ist es der allhier der rechten Ruh geneust /
Eh als des Todes Hand ihm seine Lippen schleust /
Und läst uns in die Schoß der alten Mutter kommen?
Dann diß / was uns alhier / Aug / Ehr und Mund erfreut /
Heist zu dem Morgengruß auch bald den Abschied kommen /
Und ist mit Gall erfüllt und Wehmuth überstreut.
Du hast numehr den Port der rechten Ruh erreichet /
Bist aller Noth befreyt / und deines Lebens Kahn
Befällt kein harter Sturm und greift kein Wetter an /
So uns von Ost und West bey Tag und Nacht bestreichet /
Kein kalter Kummer-Wind / kein heisser Donnerschlag /
Beblitzet dir die Nacht / verdunckelt dir den Tag /
Du lebst numehr befreyt vor Jammer / Angst und Schrecken /

Die Sonne wil dir nicht wie vormahls untergeh'n /
Dich wil die Sicherheit mit ihrem Schilde decken /
Und nichts als Freudigkeit an deiner Seite stehn.
Die deutsche Redligkeit / die Anmuth der Geberden /
Die edle Fähigkeit / der Dinge Wissenschaft /
Der Zunge Fertigkeit / der Feder Wunder-Kraft /
Kan nicht wie Haut und Bein zu dünnem Staube werden.
Dein Angedencken lebt in tausend Menschen Geist /
So diß der Afterwelt zuschencken sich befleist /
Dein EhrenRuhm entreist des Todes festem Netze /
Er steiget über sich / kennt nicht den Sturm der Zeit /
Ist niemahls unterthan der Sterbligkeit Gesetze /
Und ist der Seelen gleich von ihrem Spruch befreyt.
Du bleibest beygesetzt in deiner Freunde Hertzen /
Die Ehrensäule hat die Tugend dir gestift /
Dein From und Redlichseyn wird dir zur Grabeschrift /
Und keine Zeit verlescht die hellen EhrenKertzen.
Was Zung' und Feder hat vor Rath und Stadt gethan /
Macht daß man deiner nicht so bald vergessen kan /
Man wird dein Ehrenlob den späten Zeiten zeigen /
Weil in der Erdenschoß der Moder dich zerfällt /
So wird dein TugendRuff der Sonne gleiche steigen /
Wo das gestirnte Heer so fleißig Wache hält.
Die Tugend balsamirt der Menschen Angedencken /
Das Opium der Zeit schläft auch nicht alles ein /
Der gute Leumundt weiß von keinem Grabestein /
Und läst sich nicht so leicht als Haut und Bein versencken.
Die Säulen durch den Geist der Menschen aufgericht /
Frist nicht der Jahre Frost / zermalmt das Alter nicht.
Des Wolverhaltens Baum läst keine Blätter fallen /
Es trotzt sein edler zweig die rauhe WintersZeit /
Er scheuet keinen Reif und keines DonnersKnallen /
Und seine Früchte seyn ein Bild der Ewigkeit.
Kan gleich dein Nahme nicht der Sternen Rey vermehren /
Kan er dem Perseus nicht nechst an der Seite stehn /

Und neben dem Mercur nicht auf und nieder gehn /
Sol deiner Strahlen Glantz nicht Mohrenland verehren /
So schadet dieses nicht / das hat der Heyd erdacht /
So Dieb' und Mörder oft zu Gott und Sternen macht.
Der Sternen goldnes Haubt wird Assig[1] übersteigen /
Es schmeltzt Orion doch durch jenem letzten Brand /
Und wann kein Cepheus mehr sich wird im Himmel zeigen /
So bleibt dein Nahme noch verwahrt in Gottes Hand.
Mein Freund bleib wo du bist / geneuß der süssen Stunden /
Dein edle Seele schaut der Strahlen Uberfluß /
Vor der die Sonne selbst verdunckelt werden muß /
Und ohne derer Licht sich hat kein Licht gefunden.
Vor Galle schmeckst du itzt / die süsse HimmelsKost /
Vor KummerDorn umschleust dich RosensanfteLust /
Du fühlst nicht mehr den Sturm der Wundertrüben Zeiten /
Mein Freund bleib wo du bist / dich stöst kein Unfall an /
Du kanst auf Lilien und Tuberosen schreiten /
Wol dem / der diese Welt / wie du / verwechseln kan.
Allso begleit ich nun des Liebsten Freundes Bahre /
Und mich begleitet nichts als Unmuth und Verdruß /
Dadurch die Menschligkeit sich meistern lassen muß /
Und immer schwerer wird bey Wachsthum unsrer Jahre.
Den Zucker dieser Welt hab ich genung geschmeckt /
Ich weiß das vielmahls Gift in süssen Mandeln steckt /
Das Frucht und Bäume seyn umzirckt mit gelben Schlangen /
Der Grundstein unsrer Lust ist nichts als Schminck und Schein /
Ich lasse dieser Welt ihr Reichthum und ihr Prangen /
Und wüntsche halb bey Gott und halb verscharrt zuseyn.

1. Das »TrauerGedicht« gilt Andreas Assig, der am 10. Mai 1676 starb.

WO sind die stunden
Der süssen zeit /
Da ich zu erst empfunden /
Wie deine lieblichkeit
Mich dir verbunden?
Sie sind verrauscht / es bleibet doch dabey /
Daß alle lust vergänglich sey.

Das reine schertzen /
So mich ergetzt /
Und in dem tieffen hertzen
Sein merckmahl eingesetzt /
Läst mich in schmertzen /
Du hast mir mehr als deutlich kund gethan /
Daß freundlichkeit nicht anckern kan.

Das angedencken
Der zucker-lust /
Will mich in angst versencken.
Es will verdammte kost
Uns zeitlich kräncken /
Was man geschmeckt / und nicht mehr schmecken soll /
Ist freuden-leer und jammer-voll.

Empfangne küsse /
Ambrirter safft /
Verbleibt nicht lange süsse /
Und kommt von aller krafft;
Verrauschte flüsse
Erquicken nicht. Was unsern geist erfreut /
Entspringt aus gegenwärtigkeit.

Ich schwamm in freude /
Der liebe hand
Spann mir ein kleid von seide /
Das blat hat sich gewand /
Ich geh' im leide /

Ich wein' itzund / daß lieb und sonnenschein
Stets voller angst und wolcken seyn.

Die Welt.

WAs ist die Welt / und ihr berühmtes gläntzen?
Was ist die Welt und ihre gantze Pracht?
Ein schnöder Schein in kurtzgefasten Gräntzen /
Ein schneller Blitz bey schwartzgewölckter Nacht.
Ein bundtes Feld / da Kummerdisteln grünen;
Ein schön Spital / so voller Kranckheit steckt.
Ein Sclavenhauß / da alle Menschen dienen /
Ein faules Grab / so Alabaster deckt.
Das ist der Grund / darauff wir Menschen bauen /
Und was das Fleisch für einen Abgott hält.
Komm Seele / komm / und lerne weiter schauen /
Als sich erstreckt der Zirckel dieser Welt.
Streich ab von dir derselben kurtzes Prangen /
Halt ihre Lust vor eine schwere Last.
So wirstu leicht in diesen Port gelangen /
Da Ewigkeit und Schönheit sich umbfast.

Die allgemeine Vergängligkeit.

ES zeiget sich der Tod in iedem Augenblicke /
Der Tag / so gestern war / kommt nimmermehr zurücke;
Er ist dahin / bleibt hin / und starb nach seiner Art;
Der Lippen kluges Wort / das Werck gelehrter Hände
Hat seinen Untergang / und sein bestimmtes Ende /
Was Welt und weltlich heist muß auf die Todesfahrt.

Was stirbt uns täglich nicht an prächtigen Gedancken?
Was Leichen liegen nicht in diesen weiten Schrancken?

Was Schlösser sincken nicht durch Hoffnung aufgebaut?
Was stirbet nicht in uns von Regung und Begierde?
Was stirbet nicht in uns von Anmuth und von Zierde?
Der Mensch ist Leichenvoll / wenn er sich recht beschaut.

Die Kindheit ist verwest / und kommt zu uns nicht wieder /
Der Frühling der Gestalt / der Sommer unsrer Glieder /
Der Sinnen weiser Herbst / der That mit Rath verbringt /
Verstreicht / erstirbt / erblast. An stat der weissen Seyde /
Gehn wir mit grauem Haar und Runtzeln in dem Leide /
Weil Hust- und Keuchen uns ein heisser Grab-Lied singt.

Das Alter muß in sich die schwartze Bahre haben /
Verschleust sich wie ein Tuch / wird in sich selbst begraben /
Und schickt den kleinsten Rest des Leibes in das Grab /
Verstirbt auch eh es stirbt / Ihm / Freunden / Kind und Weibe /
Und sucht / so gutt es kan / dem abgematten Leibe
Der Kindheit erstes Pferd / halb kindisch einen Stab.

Diß was durch Menschen Hand ist worden aufgeführet /
Die Seule / die erkühnt die Wolcken fast berühret /
An der vermischtes Ertzt umhalst den Marmelstein /
Stirbt eben so / wie wir. Wir schauen / wie die Bogen /
Dadurch Domitian und Titus ist gezogen /
Zustümmelte Geripp' und halb begraben seyn.

Diß was Vespasian zum Schauplatz ihm erkohren /
Und in dem Tode noch Paläste hat gebohren /
Ist zwar Verwunderung / doch auch des Traurens werth /
Nichts lebet / was allda gesessen und geschauet /
Es hat / was dazumahl auf ewig war gebauet /
Der Zeiten Zahn zermalmt / der Jahre Rest verzehrt.

Das grosse Capitol / der Brunnen der Gesetze /
Der Sieger treue Schloß / der Sammelplatz der Schätze /

Da vormahls ieder Raum lag Kunst und Reichthum voll /
Hat aufgehört zuseyn: was Capitol itzt heisset /
Und jenem alten gleich zuwerden sich befleisset /
Dient itzt vor Grabe-Stein dem alten Capitol.

Aegyptens Wunderwerck geht mehrentheils zu Grunde /
Des Rhodis Roland[1] hat vorlängst die letzte Stunde /
Mausolus Wunder-Grab ist Leiche dieser Zeit:
Die Pracht in Epheso / die Macht von Babels Mauren /
Die wusten vor der Hand der Zeiten nicht zu tauren /
Kein Bild des Jupiters / kein Pharos blieb befreyt.

Die Stadt in Griechen-Land / wo Kunst und Pracht gesessen /
Die hat der harte Zahn der Zeiten aufgefressen /
Ihr Witz und Höflichseyn ist in der faulen Nacht /
Es liegt die Barberey auf diesen edlen Leichen;
Wo vor die Stoa war / dar schaut man Nattern schleichen /
Und ist zu wenigern / als Ziegel Grauß gemacht.

Was angeanckert schien dem Mittel-Punct der Erden /
Verfiel zu seiner Zeit und must ein Unding werden /
Carthago und Corinth liegt itzt dem Boden gleich.
Was itzt noch mächtig ist / wird auch nicht ewig bleiben /
Die Mauren kan die Zeit als wie das Fleisch zerreiben /
Und alles zeucht der Todt in sein verweßlich Reich.

Man sagt vor Zeiten ist Lyceum groß gewesen /
Wer weiß / wer künftig wird in der Sorbone lesen?
Areopagus fiel: das grosse Parlament /
So Franckreich mächtig macht / kan endlich auch verschwinden;
Es mag was weltlich ist mit Ertzte sich verbinden /
So wird es durch den Stoß der Zeiten doch getrennt.

1. Der zu den sieben Weltwundern zählende Koloß von Rhodos.

Es läst der Berge Last sich ihre Last bestreiten /
Die Wälder brechen ein: Was hemmt den Sturm der Zeiten /
So Städte niederreist / und Länder tilgen kan?
Es ist die alte Welt ein grosses Bein-Hauß worden /
Es muß die neue Welt auch in den bleichen Orden /
Und was den Anfang hat / muß auf die Todes-Bahn.

Kan sich die gantze Welt des Todes nicht erwehren /
Wie wollen wir uns doch durch Ach und Ach verzehren /
Wenn da und dort ein Freund uns aus den Augen tritt?
Wir folgen diesen nach / so uns zuvor gegangen /
Und keinen Frey-Brieff kan die Sterbligkeit erlangen;
Der Tod ist der Natur ein allgemeiner Schritt.

Ich bin nicht Stahl und Eiß; und kan hier leicht gedencken /
Der edlen Freundschaft wird diß Hertz und Sinnen kräncken /
Daß Bruder / Mann / und Freund itzt auf der Bahre steht /
Daß nun die Hoffnung ist mit ihm zugleich gestorben /
Und seine Jugend nicht die Jahre hat erworben /
Da man gebuckt und grau zu seinem Grabe geht.

Daß / wie der Anfang war / das freundliche Gelücke
Ihn ferner nicht gekrönt mit angenehmen Blicke /
Und Lorber-Zweige hat dem Scheitel beygelegt /
Daß seiner Tugend nicht mehr Früchte zugeflossen /
Davon er allbereit die Würdigkeit genossen /
Daß man mit Helm und Schild ihn itzt zu Grabe trägt.

Daß ihn der Todt vielleicht der Ehre nun entrücket /
Die ihn vor diesem hat begrüst und angeblicket /
Daß er vom Sonnenschein in diesen Schatten muß /
Daß man ihn in die Schoß der Fäulnüß sol versencken /
Und das Gelück ihn nicht sol aus dem Becher träncken /
Der angefüllet ist mit Lust und Uberfluß.

Nur Sanftmuth und Geduld legt diese lieben Glieder /
Wie das Verhängnüß wil / mit treuen Händen nieder.
Das Weinen schwächet nur / und hilfft den Todten nicht /
Was zeitlich schlaffen geht / entweichet vielen Sorgen /
Der Todt entrücket uns oft einem bösen Morgen /
Der nur mit Hagel dräut / und unsre Wolfarth bricht.

Was hier verfaulen wird / keimt zu dem neuen Leben;
Der Höchste wird den Leib der Seelen wieder geben /
Denn sol auf Ewigkeit ein neu Verlöbnüß seyn.
Last ruhen / was ihm Gott zu Bette hat geführet /
Der Vater liebt ein Kind / wenn er Gehorsam spüret /
Kommt doch auf diese Nacht der rechte Sonnenschein.

WAs wiltu Doris machen /
Brich deinen stoltzen geist;
Diß was du schönheit heist /
Sind blumen-gleiche sachen /
Die unbeständig sind /
Und fliehen wie der wind.

Es wird auff deinen wangen
Nicht steter frühling seyn.
Es weicht der sternen schein /
Als wie der blumen prangen.
Die zeit so alles bricht /
Schont auch des leibes nicht.

Was ist der schönheit gläntzen /
Als ein geschwinder blitz?
Sein zubereiter sitz
Besteht in engen gräntzen.
Kein fluß verrauscht so bald /
Als schönheit und gestalt.

Was heute purpur träget /
  Und alabaster führt:
  Was sich mit rosen ziert /
Wird morgen hingeleget /
  Und ruhet ungeacht
  In seiner todes-nacht.

Nun Doris lerne kennen /
  Was falscher hochmuth sey /
  Bleib nicht alleine frey /
Laß deine jugend brennen /
  Und laß der liebe glut
  Durchwandern hertz und blut

Gebrauche deine schätze /
  Weil blut und blüte siegt.
  Wann dich die zeit betriegt /
So trennet auch das netze /
  So vormahls um dich hieng /
  Und manche seele fieng.

So du dich selbst kanst lieben /
  So nimm die warnung an /
  Die ich dir itzt gethan.
Ich werde mich betrüben /
  So diese rose stirbt
  Und ohne lust verdirbt.

Vergänglichkeit.

ENtferne dich du eitles wesen /
  Dein schnödes blendwerck treugt mich nicht /
Mein fester sinn hat ihm erlesen /
  Das weder zeit noch wechsel bricht.

Dein falsches scheinen
In glück und freud /
Kehrt bald in weinen
Der schnellen zeit
Vergänglichkeit.

Wie blumen / die des sommers blühen /
Und wenn der abend sich einstellt /
Sich zu der erden niederziehen /
So ist das wesen dieser welt.
Wohl! wer im leben /
Bey freud und leid /
Sich nicht ergeben
Der schnellen zeit
Vergänglichkeit.

Wo sind die theuren Mausoleen?
Wo der palläste göldne pracht?
Wo sind Egypten deine höhen?
Die zeit hat staub daraus gemacht.
Wohl! wer im leben etc.

Wen itzt das glücke hochgestellet /
Dem man geküsset fuß und hand /
Des stuhl wird alsbald umgefället /
Von dieser zeit in unbestand.
Wohl! wer im leben etc.

Der schönheit theure himmels-waare /
Der gestern man als einem GOtt
Gebauet tempel und altare /
Wird heute motten / asch und koth.
Wohl! wer im leben etc.

Was hilfft der schatz / der kaum zu zehlen?
Er mehret nur der sorgen harm /

Ein böser tag kan uns ihn stehlen /
  So sind wir gleich den bettlern arm.
    Wohl! wer im leben etc.

Zwar güter / muth und frische glieder
  Sind werthe gaben / wer sie hat;
Doch schlägt ein unfall jene nieder /
  Und diese macht ein windlein matt.
    Wohl! wer im leben etc.

Die zeit reist kron und purpur abe /
  Zeit ist der dinge rauberin;
Die zeit trägt alle welt zu grabe /
  Der zeit kan keine zeit entfliehn.
    Wohl! wer im leben etc.

Ist nichts beständigs nun zu finden /
  So nicht der zeiten zahn verzehrt /
Wer will sein thun hier feste gründen /
  Weil alles wie ein kleid verfährt.
    Wohl! wer im leben etc.

Fleuch nun du schatten-gleiches wesen /
  Dein schnödes blend-werck treugt mich nicht.
Mein sinn hat ihm vor dich erlesen /
  Was weder zeit noch wechsel bricht.
    Mein gantzes leben
    Zu iederzeit /
    Bleibt fest ergeben /
    In freud und leid /
    Der ewigkeit.

Die Welt.

WAs ist die Lust der Welt? nichts als ein Fastnachtsspiel /
So lange Zeit gehofft / in kurtzer Zeit verschwindet /
Da unsre Masquen uns nicht hafften / wie man wil /
Und da der Anschlag nicht den Ausschlag recht empfindet.
Es gehet uns wie dem / der Feuerwercke macht /
Ein Augenblick verzehrt offt eines Jahres Sorgen;
Man schaut wie unser Fleiß von Kindern wird verlacht /
Der Abend tadelt offt den Mittag und den Morgen.
Wir Fluchen offt auf dis was gestern war gethan /
Und was man heute küst / mus morgen eckel heissen /
Die Reimen die ich itzt geduldig lesen kan /
Die werd ich wohl vielleicht zur Morgenzeit zerreissen.
Wir kennen uns / und dis / was unser ist / offt nicht /
Wir tretten unsern Kuß offt selbst mit steiffen Füssen /
Man merckt / wie unser Wuntsch ihm selber wiederspricht /
Und wie wir Lust und Zeit als Sclaven dienen müssen.
Was ist denn diese Lust und ihre Macht und Pracht?
Ein grosser Wunderball mit leichtem Wind erfüllet.
Wohl diesem der sich nur dem Himmel dienstbar macht /
Weil aus dem Erdenkloß nichts als Verwirrung quillet.

Senecae.

Der Heyden halber Christ / der Klugen halber Gott /
Der Römer grosser Ruhm / der Käyser gröster Spott.
Ließ hier was irrdisch war / beschliessen diesen Stein /
Der Sinnen Trefligkeit war diese Welt zu klein.

AEsopus.

Den ungeschickten Leib bedeckte mein Verstand /
Mein Ruhm lief fliegende durch aller Völcker Land.
Und hab ich Zung und Mund / Lufft / Erd / und See gegeben /
So muß ich billich auch auff allen Zungen leben.

Ciceronis.

In diesen kleinen Raum ward Cicero gelegt /
Der das berühmte Rom nach Willen hat bewegt.
Mein Leser scheue nicht das schlechte Grab zu küssen.
Es liegt der Römer Mund zu deinen schlechten Füssen.

Aretins.

Hier liegt ein geiler Mann / so der verkehrten Welt
Den Griff der Schlipffrigkeit hat künstlich vorgestellt.
Die Venus daß ihr Sohn den Bogen besser dehne /
Nahm sein verbultes Hertz / und gab es ihm zur Sehne.

Des Ritters Marini.

Ich speisete die Welt mit Amber reicher Kost /
Aus meinen Reimen wuchs das Blumwerck geiler Lust.
Hab' ich die Fleischligkeit zu schlipffrig angerühret /
So dencke Venus selbst hat mir die Hand geführet.

Opitzens.

Mich hat ein kleiner Ort der deutschen Welt gegeben /
Der wegen meiner wird mit Rom die Wette leben.
Ich suche nicht zu viel / ich bin genug gepriesen /
Daß ich die Venus selbst im Deutschen unterwiesen.

Grabschrifft Henrici IV, Königs in Franckreich.

ICh bin durch schimpff und ernst zu meinem reiche kommen /
Ein unerhörter mord hat mir es weggenommen.
Was halff mich / was ich lieb? was halff / was ich gethan?
Nachdem ein messer mehr als eine messe kan.

General Wallensteins.

HIer liegt das grosse haupt / so itzt wird ausgelacht;
Viel wissen mehr von mir / als ich iemahls gedacht.
Doch wust ich / daß ein stein nicht leicht ein stern kan werden /
Ein stein / wie hoch er steigt / fällt endlich zu der erden.

Mariae Magdalenae.

Hie ruht das schöne Haupt / hie ruht die schöne Schoß /
Auß der die Liebligkeit mit reichen Strömen floß.
Nach dem diß zarte Weib verließ den Huren-Orden /
So sind die Engel selbst derselben Buler worden.

Leanders.

Die Liebe war mein Licht bey schwartz-gewölckter Nacht /
Das Feuer so ich trug bestritt der Wellen Macht.
Ich fiel in Nereus Reich / es ist mir nicht gelungen /
Es hat die grosse Fluth die grosse Gluth bezwungen.

Eines unwissenden Artztes.

Des Todes Lietenant hat sich hieher gesellt /
Nach dem sein Recipe viel hundert hingefällt.
Mich wundert daß der Tod nicht seiner hat verschonet /
Und ihm den treuen Dienst / so er gethan / belohnet.

Eines Pauren.

Das Erdreich gab mir Brod / das Brod erhielt mein Leben /
Vor Brod hab ich das Fleisch der Erden hingegeben.
Ich gebe wol zu viel. Das Fleisch kam aus der Erden /
Und muß auch / was es war / in kurtzem wieder werden.

Eines Alchimisten.

Ich war ein Alchimist / ich dachte Tag und Stunden /
Auf eine neue Kunst des Todes frey zu seyn /
Diß was ich stets gesucht / das hab ich nicht gefunden /
Und was ich nicht gesucht / das stellt sich selbsten ein.

Eines Lasterhafftigen.

Die Leber ist zu Wien / das Glied zu Rom geblieben /
Das Hertz in einer Schlacht / und das Gehirn im Lieben.
Doch daß der Leib nicht gantz verlohren möchte seyn /
So legte man den Rest hier unter diesen Stein.

Eines gehangenen Seyltäntzers.

Ich bin in freyer Lufft auf Stricken stets gegangen /
Ich ward in freyer Lufft an einen Strick gehangen.
Mein Leib der nehrte sich mit Stricken und mit Lufft.
Nun bringt mich Lufft und Strick auch endlich in die Grufft.

Eines Mohren.

Kein Europaeer sol die schlechte Grabschrifft lesen /
Und lachen daß ich schwartz und nackend bin gewesen.
Ich trug das Mutterkleid / dich kleidet Bock und Kuh /
Du bist mehr Vieh als ich / ich war mehr Mensch als du.

Eines Bastart-Kindes.

Wo meine Mutter liegt / da bin ich auch begraben /
Ich wolte nechst bey ihr mein Leichbegräbnüs haben /
Nicht unlieb hett' ich mich zum Vater hinverfügt /
Ich wuste wo er lag / und weiß nicht wo er liegt.

Eines Sclavens.

Im Leben war ich Knecht / im Tode bin ich frey /
Es brach des Todes Band die Fessel leicht entzwey;
Die Ketten flecken nicht / ich kante mein Geblüthe /
Ich starb ein Knecht durch Zwang mit nichten von Gemüthe.

Eines Hornträgers.

Zwey Hörner liegen hier in dieser Grufft begraben /
Nicht dencket / daß ein Bock hier wird die Ruhstadt haben.
Hier ruht ein guter Mann / der Hörner hat bekommen /
Nach dem ihm die Natur das Stossen hat benommen.

Eines Bettlers.

Mein Bette / Tisch / und Stul war dieses weite Rund /
Zwo Sachen plagten mich / der Magen und der Mund.
Ich wünschte nichts so sehr / als bald seyn zu begraben /
Gleich wie ein ander Mann ein eigen Grab zu haben.

Einer Kuplerin.

Die Jugend hab ich stets mit Bulen zugebracht /
Als nun das Alter kam und meiner Jugend Nacht /
So war ich Kohlen gleich die junges Holtz entzünden /
Die Asche wird man noch umb diese Gegend finden.

Einer unbeständigen Jungfrauen.

Mein Leben ändert' ich nach meiner Augenblicke /
Mit Unbeständigkeit beschämt ich das Gelücke.
Die gröste Büberey hat mir der Tod gethan /
Dieweil ich dieses Grab auch nicht verändern kan.

Grabschrifft auff den leichen-stein einer freundin.

EIn stern der tugenden / die sonne dieser stadt /
Ein engel / wenn man will den nahmen recht erwegen /
Ein licht / so in der welt mit lust geschienen hat /
Muß sich dem tode nun zu seinen füssen legen.
Mein leser / liß doch recht / was ich dir kund gethan;
Ich habe viel gesagt / noch aber mehr verschwiegen;
Wo hier stern / sonne / licht und engel wohnen kan /
So muß der himmel ja in diesem grabe liegen.

Cato.

SOl ich mein Rom verwüst / und Caesars Palmen schauen?
Sol ihm des Cato Faust des Thrones Staffeln bauen?
Nein / Cato, Aug und Hand schaut und vernicht es nicht.
Rom / Rom / wo bleibt dein Ruhm? dein Wohlstand ist zurissen /
Was dich itzunder will in Kett' und Fessel schlüssen /
Empfind ich mehr als diß / was hir mein Leben bricht.
Mein Ohre scheut das Wort / Rom ist berühmt gewesen /
Ich kan den Feind nicht sehn des SiegesFrüchte lesen /
Und Bürger an dem Joch und an der Kette stehn.
Der Cato, und sein Hauß war frey zu seyn gebohren /
Nach dem mein Vaterland die Freyheit hat verlohren /
So wil mit ihm zugleich ich auch zu Grabe gehn.
Ich mag und wil mich nicht zu Caesars Schuldner machen /
Es darf sein falscher Mund nicht meines Lebens lachen /
Mein Leben und mein Tod steht nicht in Caesars Hand /
Es mag der Feinde Fleiß Steg / Thor / und Port verschlüssen /
Des Cato Freyheit wird doch zuentkommen wissen /
Der Tod wird seine Bahn / der Himmel wird sein Land.
Es soll mich keiner sehn mit tieffgeneigten Rücken /
Das Wort erschreckt mich fast / vor Caesars Füssen bücken;
Nein / Cato betet Gott und keinen Menschen an:
Der durch der Bürger Fall den Ehren-Thron ersteiget /
Ihm Cronen schmieden läst / und andern Fessel zeiget /
Ist nur ein Herr vor den / der nichts als dienen kan.

Kein offenbahrer Feind / kein falscher Freund wird sagen:
Es war durch meine Hand der Cato Tod geschlagen.
Nein / Cato geht durch sich gemach aus dieser Welt.
Mein Willen ist der Thron / mein Scepter ist der Degen.
Ich kan der Feinde Schluß zu meinen Füssen legen /
Und thue biß in Tod diß was mir wolgefällt.
Der Caesar will das Feld mit todten Bürgern füllen /
Ich schlage hir halb Tod des Caesars stoltzen Willen /
Das kleine Zimmer soll die grosse Wahlstad seyn.
Trotz Caesar das du mich in deinen Ketten führest /
Und deine Siges-Pracht durch meine Fessel zierest!
Es reist mein edler Tod dir deinen Fürsatz ein.
Der Freyheit steiffe Fahn die pflantz' ich in die Wunden /
Durch meine Därme wird der Caesar selbst gebunden /
Hir stirbt sein freches Wort; ich thue was ich wil.
Er kan nur / wolt er gleich / mir nicht das Leben schencken /
Er kan nur / wolt er gleich / mich nicht durch Marter kräncken /
Sein unbegräntzte Macht schau't hier ein rothes Ziel.
Die Tropffen / so itzund aus meinem Leibe schiessen /
Die werden ungehemt zu seinen Palmen flüssen /
Zu Palmen / die der Tod der Bürger aufgebracht.
Ich weiß sie werden ihn'n Krafft / Ruhm und Farbe nehmen:
Ihr Hochmuth soll sich noch für diesem Blute schämen /
Das Heuchler vieler Art zu Rom itzt schamrot macht.
Der Caesar kan zwar Rom / doch nicht mein Hertz ersteigen /
Wird sich die Haubtburg gleich vor seinem Scepter neigen /
So neigt sich doch vor ihm die Burg der Freyheit nicht.
Es soll kein Tropffen Blut des Caesars Nahmen ehren /
Und mein verblaster Mund wird nach dem Tode lehren /
Daß nicht der Wütterich den Schluß der Freyheit bricht.

Mein Blut / das hir verscheust / wird dir zur Sündfluth
werden /
Und / Caesar, deinen Ruhm vertilgen von der Erden /
Mein Blut das ziehrt mich mehr / als dich die Sieges-Fahn.
Es wird die Affter-Welt mich setzen zu den Helden /
Und der getreue Ruhm wird fleissig seyn zumelden /
Daß Cato Hand noch mehr als Caesars hier gethan.
Und hab ich gleich itzund von meiner Treu geschwiegen /
So laß ich doch allhir die stäten Zeugen liegen /
Daß vor die Freyheit ich geopfert Hertz und Muth /
Ich kan an dir / O Rom / nicht mehr die Augen weiden /
Dein Nothstand ist mein Tod / dein Jammer ist mein
Leiden /
Diß unterschreib' ich hir mit Eysen und mit Blut.

Hundspossen.

SO will ich auch / daß meine lieder /
Du hingelegter Rodomont /
Dem glut und muth in augen stund /
Besingen deine kalten glieder.
Nur klag ich / daß kein harzicht schwein
Hat sollen dein geferte seyn /
Und neben dir sich strecken müssen /
Daß dein und deines feindes blut
Nicht schäumig soll zusammen fliessen /
Und roth besiegeln deinen muth.

Doch weil du schienst zu seyn gebohren
Um Jupiters gezelt zu stehn /
Und durch sein donnerreich zu gehn /
Ward dir ein donner-tod erkohren /
Ein donner so aus eisen kracht /
Den schwefel und salpeter macht /
Wenn hitz und kält einander fliehen /
Schlug dein geschicktes haupt entzwey /
Wir aber wollen uns bemühen /
Daß deiner unvergessen sey.

Kommt ihr bekanten höllen-hunde /
Die kleinen reckel ruff ich nicht /
Den krafft und würdigkeit gebricht /
Heult eyfrig aus dem tieffen schlunde /
Heult traurig durch die gantze nacht /

Biß daß der himmels-hund erwacht /
Von dem die heissen tag entspriessen.
Ich weiß / er heult so gut als ihr /
Daß sich der bär wird fürchten müssen /
Und neben ihm der kühne stier.

Des Cerberus gedritten rachen
Wird auch eröffnen dieser fall /
Er soll durch ungemeinen schall
Den hof des Pluto wacker machen.
Der schwartze pförtner / den die last
Der schweren ketten hat umfast /
Wünscht Rodomonten zu empfangen.
Der ärmste fühlt beschwer und pein /
Verlangt die freyheit zu erlangen
Und Rodomonten gleich zu seyn.

Nun Rodomont spielt auff dem strande /
Da der recht edlen hunde geist
Der grossen wollust sich befleist /
In einem wunderschönen lande.
Er rennt und fühlt nicht müdigkeit /
Reich an vergnügung / arm an leid /
Schertzt mit Dianens geilen hunden /
Er ist auf bulerey bedacht /
Nur diß / was ich nicht recht befunden /
Ist / daß er keine junge macht.

Die Wollust.

1.

DIe Wollust bleibet doch der Zucker dieser Zeit /
Was kan uns mehr / denn sie / den Lebenslauf versüssen?
Sie lässet trinckbar Gold in unsre Kehle fliessen /

Und öffnet uns den Schatz beperlter Liebligkeit;
In Tuberosen kan sie Schnee und Eiß verkehren /
Und durch das gantze Jahr / die FrühlingsZeit gewehren.

2.

Es schaut uns die Natur als rechte Kinder an /
Sie schenckt uns ungespart den Reichthum ihrer Brüste /
Sie öffnet einen Saal voll zimmetreicher Lüste /
Wo aus des Menschen Wunsch Erfüllung quellen kan.
Sie legt als Mutter uns / die Wollust in die Armen /
Und läst durch Lieb und Wein den kalten Geist
erwarmen.

3.

Nur das Gesetze wil allzu Tyrannisch seyn /
Es zeiget iederzeit ein widriges Gesichte /
Es macht des Menschen Lust und Freyheit gantz zunichte /
Und flöst vor süssen Most uns Wermuthtropffen ein;
Es untersteht sich uns die Augen zuverbinden /
Und alle Liebligkeit aus unser Hand zuwinden.

4.

Die Ros' entblösset nicht vergebens ihre Pracht /
Jeßmin wil nicht umsonst uns in die Augen lachen /
Sie wollen unser Lust sich dienst- und zinsbar machen /
Der ist sein eigen Feind / der sich zu Plagen tracht;
Wer vor die Schwanenbrust ihm Dornen wil erwehlen /
Dem muß es an Verstand und reinen Sinnen fehlen.

5.

Was nutzet endlich uns doch Jugend / Krafft und Muth /
Wenn man den Kern der Welt nicht reichlich wil
genüssen /
Und dessen Zuckerstrom läst unbeschifft verschüssen /
Die Wollust bleibet doch der Menschen höchstes Guth /
Wer hier zu Seegel geht / dem wehet das Gelücke /
Und ist verschwenderisch mit seinem Liebesblicke.

6.

Wer Epicuren nicht vor seinen Lehrer hält /
Der hat den Weltgeschmack / und allen Witz verlohren /
Es hat ihr die Natur als Stiefsohn ihn erkohren /
Er mus ein Unmensch seyn / und Scheusaal dieser Welt;
Der meisten Lehrer Wahn erregte Zwang und Schmertzen /
Was Epicur gelehrt / das kitzelt noch die Hertzen.

Die Tugend.

1.

DIe Tugend pflastert uns die rechte Freudenbahn /
Sie kan den Nesselstrauch zu Lilgenblättern machen /
Sie lehrt uns auf dem Eis und in dem Feuer lachen /
Sie zeiget wie man auch in Banden herrschen kan /
Sie heisset unsern Geist im Sturme ruhig stehen /
Und wenn die Erde weicht / uns im Gewichte gehen.

2.

Es giebt uns die Natur Gesundheit / Krafft und Muth /
Doch wo die Tugend nicht wil unser Ruder führen /
Da wird man Klippen / Sand und endlich Schifbruch spüren /
Die Tugend bleibet doch der Menschen höchstes Gutt /
Wer ohne Tugend sich zu leben hat vermessen /
Ist einem Schiffer gleich / so den Compaß vergessen.

3.

Gesetze müssen ja der Menschen Richtschnur seyn /
Wer diesen Pharus[1] ihm nicht zeitlich wil erwehlen /
Der wird / wie klug er ist / des Hafens leicht verfehlen;

1. Leuchtturm.

Und läuffet in den Schlund von vielen Jammer ein /
Wem Lust und Uppigkeit ist Führerin gewesen /
Der hat vor Leitstern ihm ein Irrlicht auserlesen.

4.

Diß / was man Wollust heist / verführt und liebt uns nicht /
Die Küsse so sie giebt / die triffen von Verderben /
Sie läst uns durch den Strang der zärtsten Seide sterben /
Man fühlet wie Zibeth das matte Hertze bricht /
Vergifter Hypocras[2] wil uns die Lippen rühren /
Und ein ambrirte Lust zu Schimpf und Grabe führen.

5.

Die Tugend drückt uns doch als Mutter an die Brust /
Ihr Gold und Edler Schmuck hält Farb und auch Gewichte /
Es leitet ihre Hand uns zu dem grossen Lichte;
Wo sich die Ewigkeit vermählet mit der Lust.
Sie reicht uns eine Kost / so nach dem Himmel schmecket /
Und giebt uns einen Rock / den nicht die Welt beflecket.

6.

Die Wollust aber ist / als wie ein Unschlichtlicht /
So helle Flammen giebt / doch mit Gestanck vergehet /
Wer bey dem Epicur / und seinem Hauffen stehet /
Der lernt wie diese Waar / als dünnes Glas zerbricht /
Es kan die Drachenmilch uns nicht Artzney gewehren /
Noch gelbes Schlangengift in Labsal sich verkehren.

Verzweifflungs-gedichte.

DIe augen schloß ich traurig zu /
Die hände deckten meine stirne /

2. Gewürzwein, altes Hausmittel.

Ich war entblöst von lust und ruh /
Der kummer füllte das gehirne /
Bald wacht ich auff / bald schlieff ich ein /
Bald wolt ich tod und asche seyn /
Bald wünscht ich weit von hier zu leben;
Und daß ja nichts sey unbekandt /
So hat die thorheit meiner hand
Papier und feder übergeben.

Auff auff mein sinn und du mein fuß /
Ich kan nicht länger hier verziehen /
Mein warten bringet mir verdruß /
Ich wünsche von der welt zu fliehen.
Ich spey auff scepter und auff gold /
Man sey mir feind / man sey mir hold /
Es soll mich beydes gleich erquicken;
Die liebe / so uns närrisch macht /
Und uns bezwingt mit dicker nacht /
Soll mir nicht den compaß verrücken.

Ich lache / wenn ich überhin
Mein tummes leben überlege /
Und diß worauff ich kommen bin /
In den gedancken recht erwege /
Mir zittern beydes marck und bein /
Die stirne wird wie eyß und stein /
Es will geblüt und geist erstarren;
Genug geirrt / genug geklagt /
Den irrthum hat die zeit verjagt /
Ich will nicht länger hier verharren.

Ich eil in eine weisse grufft /
Die keine sonne hat berühret /
Und da die eingesperrte lufft
Uns zeitlich zu dem tode führet /
Der schlangen gifft und drachen rauch /
Der fülle nase / brust und bauch /

Und endlich meinen geist vertreibe /
Auff daß die ausgedorrte brust
Als eine recht bestimmte kost
Für junger drachen zähne bleibe.

Und werd ich ja nicht hingericht /
Durch schlangengifft / geschickt zu tödten /
Will keine drachen-mutter nicht
Mir freundlich seyn in meinen nöthen /
So lauff ich in das heisse land /
In welchem der entbrandte sand
Nichts als die löwen will ernähren /
Die werden endlich meine noth
(Denn nichts begehr ich als den todt)
Und auch zugleich mein fleisch verzehren.

Und will mir weder gifft noch zahn
Die seele von dem leibe scheiden /
Ist nichts so mich verzehren kan /
So mag ich doch nicht ferner leiden:
Es soll mir diese schwache hand
Seyn wider meine brust gewand /
Sie soll den schnöden leib durchstechen;
Hat mich das faule blut geplagt /
Und in viel grosse noth gejagt /
So bin ich fertig mich zu rächen.

Die haare gehn den bergen zu /
Wenn ich erwege dieses leben /
Bey welchem fröligkeit und ruh
Verschworen hat mir platz zu geben.
Ich bin ein todter der da geht /
Ein aas so auff den füssen steht /
Und ein verfaulter ohne bahre /
Ein brand von böser brunst gemacht /
Ein scheusal / dessen jeder lacht /
Ein enger kram verachter wahre.

Und daß die feder nicht zu viel
Von meinem bösen leben sage /
So habe sie hiermit ihr ziel /
Ich will nicht daß sie ferner klage /
Mit diesem geht mein wallen an /
Wohl jedem der da bleiben kan /
Mein wohlseyn such ich im verderben.
Ihr guten freunde / gute nacht /
Der wunsch sey euch von mir vermacht /
Mein leben mag mein feind ererben.

Ermahnung zur Vergnügung.

1.

ACh was wolt ihr trüben Sinnen
        Doch beginnen!
Traurig seyn hebt keine Noth /
Es verzehret nur die Hertzen /
        Nicht die Schmertzen /
Und ist ärger als der Tod.

2.

Dornenreiches Ungelücke /
        Donnerblicke /
Und des Himmels Härtigkeit
Wird kein Kummer linder machen;
        Alle Sachen
Werden anders mit der Zeit.

3.

Sich in tausend Thränen baden
        Bringt nur Schaden /
Und verlöscht der Jugend Licht;

Unser seuffzen wird zum Winde;
Wie geschwinde
Aendert sich der Himmel nicht!

4.

Heute wil er Hagel streuen /
Feuer dräuen;
Bald gewehrt er Sonnenschein /
Manches Irrlicht voller Sorgen
wird uns Morgen
Ein bequemer Leitstern seyn.

5.

Bey verkehrten Spiele singen /
Sich bezwingen /
Reden was uns nicht gefällt /
Und bey trüben Geist und Sinnen
Schertzen können /
Ist ein Schatz der klugen Welt.

6.

Uber das Verhängnüß klagen
Mehrt die Plagen /
Und verräth die Ungeduld;
Diesem / der mit gleichem Hertzen
Trägt die Schmertzen /
Wird der Himmel endlich hold.

7.

Auff O Seele! du must lernen
Ohne Sternen /
Wenn das Wetter tobt und bricht /
Wenn der Nächte schwartze Decken
Uns erschrecken /
Dir zu seyn dein eigen Licht.

8.

Du must dich in dir ergetzen
Mit den Schätzen /
Die kein Feind zunichte macht;
Und kein falscher Freund kan kräncken
Mit den Räncken /
Die sein leichter Sinn erdacht.

9.

Von der süssen Kost zu scheiden /
Und zu meiden /
Was des Geistes Trieb begehrt /
Sich in sich stets zubekriegen /
Und zu siegen /
Ist der besten Crone werth.

Wider das ungeduldige murren.

1.

MAn muß dem himmel weichen,
Und vor der sternen krafft
Die schlaffen seegel streichen:
Des glückes eigenschafft
Verfolget harte sinnen:
Hier hilfft kein streit, kein krieg,
Man kan allhier den sieg
Nur mit geduld gewinnen.

2.

Denn flucht ihr aufs geschicke
So häufft ihr straf und schuld,
Und euer ungelücke
Wird gros durch ungeduld.
Die starcke macht von oben

Verlacht der menschen wuth,
Die mit erbostem muth
Auf ihr verhängniß toben.

3.

Klagt ihr die flüchtigkeiten
Der guten stunden an:
Sprecht ihr, der lauff der zeiten,
Hab euch gewalt gethan;
Wo wolt ihr recht erlangen?
Wer wil der richter seyn?
Wird eure seelen-pein
Dadurch ein end empfangen?

4.

Und was? Wir sind ja knechte
Des himmels, der uns schlägt:
Wir leiden gar mit rechte,
Was er uns auferlegt:
Wir sind leibeigne sclaven:
Das murren ziemt uns nicht,
Wenn uns das zorn-gericht
Des herren will bestrafen.

5.

Kein mittel ist zu finden,
Dadurch ein tapffrer mann
Den sauren unglücks-winden
Die stirne bieten kan,
Als wann er willig leidet
Das, was er leiden muß,
Biß ihm des himmels schluß
Ein besser gut bescheidet.

Gedancken bey Antretung des funffzigsten Jahres.

1.

MEin Auge hat den alten Glantz verlohren /
  Ich bin nicht mehr / was ich vor diesem war /
Es klinget mir fast stündlich in den Ohren:
  Vergiß der Welt / und denck auf deine Baar /
Und ich empfinde nun aus meines Lebens Jahren /
Das funfftzig schwächer sind als fünff und zwantzig waren.

2.

Du hast / mein Gott / mich in des Vaters Lenden /
  Als rohen Zeug / genädig angeschaut /
Und nachmahls auch in den verdeckten Wänden /
  Ohn alles Licht / durch Allmacht aufgebaut /
Du hast als Steuermann und Leitstern mich geführet /
Wo man der Wellen Sturm / und Berge Schrecken spüret.

3.

Du hast den Dorn in Rosen mir verkehret /
  Und Kieselstein zu Cristallin gebracht /
Dein Seegen hat den Unwerth mir verzehret /
  Und Schlackenwerck zu gleichem Ertzt gemacht.
Du hast als Nulle mich den Zahlen zu gesellet /
Der Welt Gepränge gilt nach dem es Gott gefället.

4.

Ich bin zuschlecht / vor dieses Danck zusagen /
  Es ist zu schlecht was ich dir bringen kan.
Nim diesen doch / den du hast jung getragen
  Als Adlern itzt auch in dem Alter an.
Ach! stütze Leib und Geist / und laß bey grauen Haaren /
Nicht grüne Sündenlust sich meinem Hertzen paaren.

5.

Las mich mein Ampt mit Freudigkeit verwalten /
  Las Trauersucht nicht stören meine Ruh /
Las meinen Leib nicht wie das Eys erkalten
  Und lege mir noch etwas Kräffte zu.
Hielff das mich Siechthum nicht zu Last und Eckel mache /
  Der Morgen mich bewein / der Abend mich verlache.

6.

Las mich die Lust des Feindes nicht berücken /
  Die Wermuth offt mit Zucker überlegt /
Verwirr ihn selbst im Garne seiner Tücken /
  Das der Betrug nach seinem Meister schlägt.
Las mich bey guter Sach ohn alles Schrecken stehen /
Und unverdienten Haß zu meiner Lust vergehen.

7.

Verjüng in mir des schwachen Geistes Gaben /
  Der ohne dich ohn alle Regung liegt /
Las mit der Zeit mich diesen Nachklang haben:
  Das Eigennutz mich niemahls eingewiegt /
Daß mir des Nechsten Gutt hat keinen Neid erwecket /
Sein Ach mich nicht erreicht / sein Weinen nicht beflecket.

8.

Hielff / das mein Geist zum Himmel sich geselle /
  Und ohne Seyd und Schmüncke heilig sey;
Bistu doch / Herr / der gute reine Quelle;
  So mache mich von bösen Flecken frey.
Wie leichtlich läst sich doch des Menschen Auge blenden!
Du weist / wie schwach es ist / es kombt aus deinen Händen.

9.

Denn führe mich zu der erwehlten Menge /
  Und in das Licht durch eine kurtze Nacht:

Ich suche nicht ein grosses Leichgepränge /
Aus Eytelkeit / und stoltzer Pracht erdacht.
Ich wil kein ander Wort um meinen Leichstein haben /
Als diß: *Der Kern ist weg / die Schalen sind vergraben.*

LITERATURHINWEISE

Benutzte Ausgaben

C. H. v. H.: Teutsche Übersetzungen und Gedichte. Breslau: E. Fellgibel, 1679.

Herrn von Hoffmannswaldau und andrer Deutschen auserlesener und bißher ungedruckter Gedichte. 7 Tle. Leipzig: Th. Fritsch, 1695–1727. [Von Benjamin Neukirch besorgte Sammlung.]
Tl. 1 und 2: nach dem kritischen Neudruck der Ausgaben von 1697, hrsg. von Angelo George de Capua und Ernst Alfred Philippson, Tübingen: Niemeyer, 1961 und 1965.
Tl. 6: Leipzig: Th. Fritsch, 1709.

C. H. v. H.: Curriculum studiorum und andere gedruckte Werke. Hrsg. und mit einem Nachw. vers. von Franz Haiduk. (Gesammelte Werke. Bd. 2). Hildesheim: Olms, 1993.

Die Textwiedergabe entspricht der Original-Schreibweise der genannten Ausgaben. Nur wurden die Abbreviaturen und die Ligatur æ aufgelöst, a, o, u mit überschriebenem e in der Ausgabe von 1679 in ä, ö, ü (wie im Neudruck der Neukirchschen Sammlung) geändert, etc. statt ꝛc gesetzt und I und J unterschieden. Offensichtliche Druckfehler sind verbessert worden. Leider gibt es – mit Ausnahme der beiden ersten Bände der Neukirchschen Sammlung, die mit freundlicher Genehmigung des Max Niemeyer Verlages, Tübingen, benutzt wurden – noch keinen kritischen Hofmannswaldau-Text.

Zeitgenössische Stimmen und spätere Kritik

Lohenstein, Daniel Casper von: Lob-Rede Bey des Weiland [...] Herrn Christians von Hofmannswaldau [...] Den 30. April 1679 in Breßlau Hoch-Adelich gehaltenem Leichenbegängnüße. Breslau 1679. Neudr. in: Christian von Hofmannswaldau: Gedichte. Hrsg. von Johannes Hübner. Berlin 1962. S. 73 ff.

Gryphius, Christian / Mühlpfort, Heinrich: Grabgedichte. Breslau 1679.
Morhof, Daniel Georg: Unterricht Von Der Teutschen Sprache und Poesie. Kiel 1682. S. 431 f. [s. a. S. 205, 672, 707].
Neukirch, Benjamin: »Vorrede« zu Tl. 1 seiner Sammlung; Neudr. S. 6 ff.
Wernicke, Christian: Epigramme. Hrsg. von Rudolf Pechel. Berlin 1909. S. 26 ff., 314 ff., 402, 553 u. ö.
Omeis, Magnus Daniel: Gründliche Anleitung zur Teutschen accuraten Reim- und Dicht-Kunst. Nürnberg 1704. S. 150, 188.
Männling, Johann Christoph: Poetisches LEXICON. Frankfurt/Leipzig 1719. »Zuschrifft«.
Neukirch, Johann George: Anfangs-Gründe zur Reinen Teutschen POESIE Itziger Zeit. Halle 1724. S. 117, 219 ff.
Gottsched, Johann Christoph: Versuch einer Critischen Dichtkunst vor die Deutschen [1730]. Unveränd. photomech. Nachdr. der 4., verm. Aufl. Leipzig 1751. Darmstadt 1962. S. 662 ff. [s. a. S. 109, 588].
Bodmer, Johann Jakob: Gedichte in gereimten Versen. Zürich 1754. S. 30 ff.

Forschungsliteratur

Beare, Robert L.: Hofmannswaldau and the Problem of Bibliographical Evidence. In: Modern Language Notes 86 (1971) S. 625–648.
Białek. Edward / Mrozowicz, Wojciech: Das Stammbuch des Dichters Christian Hoffmann von Hoffmanswaldau. In: Daphnis 16 (1987) S. 441–456.
Borgstedt, Thomas: »Du schickst mir einen brieff / und greiffst mir nach dem hertzen«. Hoffmannswaldau, die erotische Versepistel und der galante Diskurs. In: Der galante Diskurs. Hrsg. von Th. B. und Andreas Solbach. Dresden 2001. S. 13–39.
Capua, Angelo George de / Philippson, Ernst Alfred: Herrn von Hoffmannswaldau und andrer Deutschen auserlesene und bißher ungedruckte Gedichte…: Toward a History of its Publication. In: Monatshefte für deutschen Unterricht, deutsche Sprache und Literatur 48 (1956) S. 196–202.
Cohen, Fritz G.: The Poetry of Christian Hofmann von Hofmannswaldau: a New Reading. Columbia (S. C.) 1986.

Currier, Francis Morton: Native and Foreign Influences in the Works of Hofmannswaldau. Diss. Cambridge (Mass.) 1936.
Dörrie, Heinrich: Der heroische Brief. Berlin 1968.
Ettlinger, Josef: Christian Hofmann von Hofmannswaldau. Halle a. d. S. 1891.
Friebe, Carl: Christian Hofmann von Hofmannswaldaus Grabschriften. Progr. Greifswald 1893.
– Chronologische Untersuchungen zu Hofmannswaldaus Dichtungen. Progr. Greifswald 1896.
Geibel, Hedwig: Der Einfluß Marinos auf Christian Hofmann von Hofmannswaldau. Diss. Gießen 1938.
Glaser, Horst Albert: Aspekte der »femme machine» bei Hesiod, Villon, Marot, Marino und Hoffmannswaldau. In: Abkehr von Schönheit und Ideal in der Liebeslyrik. Hrsg. von Caroline Fischer und Carola Veit. Stuttgart [u. a.] 2000. S. 190–197.
Haase, Fee-Alexandra: Verliebte Gedichte. Zur Gattung des Liebesbriefes in einer seltenen Ausgabe von Gedichten Christian Hoffmann von Hoffmannwaldau. In: Zeitschrift für Literaturwissenschaft und Linguistik (LiLi) 119 (2000) S. 118–132.
Heiduk, Franz: Die Dichter der galanten Lyrik. Studien zur Neukirchschen Sammlung. Bern/München 1971.
– Hoffmannswaldau und die Überlieferung seiner Werke. In: Jahrbuch des Freien Deutschen Hochstifts. 1975. S. 1–72.
– Unbekannte Gedichte von Hoffmannswaldau. In: Dapnis 7 (1978) S. 697–713.
– Christian Hoffmann von Hoffmannswaldau. In: Deutsche Dichter des 17. Jahrhunderts. Ihr Leben und Werk. Hrsg. von Harald Steinhagen und Benno von Wiese. Berlin 1984. S. 473–496.
Helmridge-Marsilian, Veronique: The Heroism of Love in Hoffmannswaldau's »Heldenbriefe«. Tübingen 1991.
Hübscher, Arthur: Die Dichter der Neukirch'schen Sammlung. In: Euphorion 24 (1922) S. 1–28, 259–287 [mit einem Anhang »Zur Chronologie der Gedichte Hofmannswaldaus«], 519 f. – Nachträge und Berichtigungen. In: Euphorion 26 (1925) S. 279 f.
– Neue Untersuchungen zur Chronologie Hofmannswaldaus. In: Euphorion 26 (1925) S. 185–197.
Hülsbergen, Helmut E.: Michael Draytons »Englands Heroical Epistles« und Hofmann von Hofmannswaldaus »Heldenbriefe«. Geschichte und galante Liebe. In: Europäische Tradition und

deutscher Literaturbarock. Hrsg. von Gerhart Hoffmeister. Bern/München 1973. S. 427–448.
Ibel, Rudolf: Hofmann von Hofmannswaldau. Berlin 1928.
Kemper, Hans-Georg: Hölle und »Himmel auf Erden«. Liebes-, Hochzeits- und Ehelyrik in der frühen Neuzeit. In: Mittelalter und frühe Neuzeit. Übergänge, Umbrüche und Neuansätze. Hrsg. von Walter Haug. Tübingen 1997. S. 30–77.
Kiedron, Stefan: Hoffmann von Hoffmannswaldaus »Curriculum Studiorum« im niederländischen Licht. In: Zur Literatur und Kultur Schlesiens in der Frühen Neuzeit aus interdisziplinärer Sicht. Hrsg. von Mirosława Czarnecka. Wrocław 1998. S. 7–13.
Mannack, Eberhard: Hofmannswaldau und die Auflösung der Tradition. In: Jahrbuch der Deutschen Schillergesellschaft 15 (1971) S. 115–132.
– Christian Hoffmann von Hoffmannswaldau. In: Deutsche Dichter. Hrsg. von Gunter E. Grimm und Frank Rainer Max. Bd. 2: Reformation, Renaissance und Barock. Stuttgart 1988. S. 251–265.
Mayer, Friedrich: Christian Hofmann von Hofmannswaldau und die französische Literatur. Diss. München 1923.
Moore, Cornelia N.: The Lover and the Beloved in Hofmannswaldau's Poetry. Which One is Glorified? In: Daphnis 1 (1972) S. 150–167.
Noack, Lothar: Die Handschrift Hs IV, F. 88 – eine handschriftliche Überlieferung der Werke Christian Hoffmanns von Hoffmannswaldau in der Universitätsbibliothek Wrocław. In: Germanica Wratislawiensia 70 (1987) S. 160–179.
– Christian Hoffmann von Hoffmanswaldau (1616–1679). Leben und Werk. Tübingen 1999.
Rasch, Wolfdietrich: Lust und Tugend. Zur erotischen Lyrik Hofmannswaldaus. In: Rezeption und Produktion. Festschrift für Günther Weydt. Hrsg. von W. R., Hans Geulen und Klaus Haberkamm. Bern/München 1972. S. 447–472.
Rotermund, Erwin: Christian Hofmann von Hofmannswaldau. Stuttgart 1963. (Sammlung Metzler. 29.)
– Affekt und Artistik. Studien zur Leidenschaftsdarstellung und zum Argumentationsverfahren bei Hofmann von Hofmannswaldau. München 1972.
Rusterholz, Peter: Theatrum vitae humanae. Funktion und Bedeutungswandel eines poetischen Bildes. Berlin 1970.

Ryder, Frank G.: The Design of Hofmannswaldau's *Vergänglichkeit der schönheit*. In: Monatshefte für deutschen Unterricht, deutsche Sprache und Literatur 51 (1959) S. 97–102.
Schuster, Wilhelm: Metrische Untersuchungen zu Christian Hofmann von Hofmannswaldau. Diss. Kiel 1913.
Segebrecht, Wulf: Poetische Grabschriften des 17. Jahrhunderts als literarische Zeugnisse barocken Lebensgefühls. In: literatur für leser. München 1981. S. 1–17.
Sieveke, Franz Günter: Christian Hofmann von Hofmannswaldaus »Helden-Briefe«. Imitatio oder aemulatio? In: Rezeption und Produktion. Festschrift für Günther Weydt. Hrsg. von Wolfdietrich Rasch, Hans Geulen und Klaus Haberkamm. Bern/München 1972. S. 411–446.
Stöcklein, Paul: Vom barocken zum Goethischen Liebesgedicht. In: P. S.: Wege zum späten Goethe. Hamburg ^{2}1960. S. 316–330.
Waldberg, Max von: Die galante Lyrik. Straßburg 1885.

NACHWORT

Hofmannswaldaus Themen sind die Liebe und die Vergänglichkeit. Liest man seine »galanten« Gedichte, so darf man nicht an Liebesgedichte des 19. Jahrhunderts denken. Hofmannswaldau steht im Einflußbereich des Petrarkismus. Die von Petrarca ausgehende, durch Gedanken Ovids, Catulls, Lucrez', des *Hohen Lieds* ergänzte Liebeslehre hebt an den Beziehungen zwischen zwei Menschen weniger das Individuell-Einmalige, Erlebnishafte, die persönliche, subjektive Färbung hervor als die allgemeinen Erfahrungen, die immer wiederkehrenden Situationen, das Überpersönliche, Gesellschaftliche. Sie beschreibt nicht wie der junge Goethe, wie Brentano oder Mörike die seelenhafte Liebe zwischen zwei einzelnen Menschen, sondern konzentriert sich auf kollektive Situationen, die in jeder Einzelliebe wiederkehren: Klage über die spröde, unzugängliche Geliebte, die eigene Verzweiflung, Werbung um ihre Gunst, Preis ihrer Schönheit, Spott auf ihre Enthaltsamkeit oder Untreue.

Hofmannswaldau kennt die petrarkistische Tradition genau. Er nimmt ihre Gedanken, Motive und Bilder auf, wendet sie ins Spielerische, Virtuose, Scharfsinnige, gelegentlich ins Persönlichere und Weiche. Die Liebe ist auch für ihn ein Urelement – immer wieder vergleicht er sie mit dem Feuer und den Flammen –, eine »Krankheit«, die jeder durchmachen muß und die bei allen ähnlich verläuft. Er beschreibt die kostbare Schönheit der Geliebten, teils als Aufzählung ihrer verschiedenen körperlichen Vorzüge, teils als Preis eines einzelnen Körperteils. Er wirbt um ihre Gunst mit sophistischen, mephistophelischen Argumenten: keiner kann sich selbst küssen, niemand ist für sich selbst gemacht; sie hat ihn in Brand gesteckt, also muß sie auch mitbrennen und den Brand löschen; sie ist eine Göttin, also muß sie auch wie die Götter Erbarmung üben; die Schönheit vergeht, also muß man ihre Stunde nutzen (Carpe diem); Liebe in der Phantasie ist schön, aber sie macht nicht satt. Er klagt hyperbolisch über seine verzweifelte Lage: sie möge ihn töten, er wolle sterben, er könne nicht schlafen, sie sei grausam. Vielfach treten Klage, Werbung und Preis in den Gedichten zusammen auf. Das eine ist die Folge des anderen.

Dabei darf man das »Ich« der Gedichte nicht mit Hofmannswaldau gleichsetzen. Er übernimmt die Rolle eines Liebhabers, nennt sich Polydor, Orontes, Damon, Sylvius, Lysis, und auch die Geliebte ist nicht eine bestimmte Person. Auch sie spielt nur eine Rolle im allgemeinen Spiel der Liebe, als Lesbia, Flavia, Florida, Chloris, Phillis, Amaranthe. Mehr als zwanzig verschiedene Namen treten auf, einige mehrfach, manche nur einmal. Das Verhältnis zwischen Liebhaber und Geliebter beruht nicht auf Gleichberechtigung der Partner, sondern auf Unterordnung, ein Abbild der feudalen Struktur des höfischen Barocks. Sie ist eine Göttin, Herrin, die Sonne, er nur Knecht, Sklave, Diener, ein Stern, der sich um sie dreht. Die galanten Gedichte geben meist keine Stimmung wieder, sind nicht »lyrisch« im Sinne der Romantik, sondern argumentieren, reflektieren, beschreiben.

An einigen Stellen tauchen in dem alten Gefüge neue Gedanken auf: jeder sucht seine besondere Geliebte entsprechend seinen Neigungen *(Die versöhnte Venus)*, die Liebesklage kann manchmal zarte, fast seelenhafte Töne annehmen *(WO sind die stunden Der süssen zeit, DU kennst mein treues hertze, ES will die ungerathne zeit)*. Hofmannswaldau weiß mehr von der Psychologie der Liebe, als die alten Schemata vermuten lassen. Das sind schon Hindeutungen auf eine neue Liebesdichtung. Sie werden von Johann Christian Günther, den Rokokodichtern, Klopstock und Goethe weitergeführt.

Die meisten Kritiker des 19. Jahrhunderts hatten für die Lyrik Hofmannswaldaus wenig Sinn. Vom Individualismus einer offenen Liebessprache her mußte sie ihnen fremd sein. Eichendorff sprach von der »großen Lüge dieser Poesie«, Wolfgang Menzel sah in ihr die »äußerste Entartung der Poesie«. Vor allem erschien sie ihnen als »sitten- und zügellos«, »frivol«, »zotenreißerisch«, »lasziv«, »schlüpfrig«. Man wunderte sich darüber, daß Hofmannswaldaus Biographie keine der in den Gedichten genannten Lesbien oder Flavien neben seiner glücklichen Ehe aufweist. Man erblickte darin eine Bestätigung der These von der lügnerischen Dichtung. Der moderne Leser findet neue Zugänge zu Hofmannswaldau. Wir haben mehr Verständnis für kollektive Erfahrungen, das Private ordnet sich dem Gesellschaftlichen ein, wird zwangsläufig eingeordnet, die Weltliebe, die sich in den galanten Gedichten ausdrückt, findet Zustimmung. In dem Maße, wie sich die subjektiven Ordnungen von uns entfernen, rücken uns die festen Fügungen wieder näher. Damit schwinden nicht alle Widerstände gegenüber Hofmannswaldaus Dichtung.

Es zeigen sich bei ihm Ansätze zu einem panerotischen Weltbild. »Alles, was sich regt«, trägt »der Liebe Bande«. Sie dringt überall hin, erfaßt das Lebendige und Unlebendige.

> »Die Bäume lieben auch / es liebet Stahl und Stein /
> Und ieder Vogel wil verbulte Lieder singen.«

Die Liebe ist der »Leim«, der die »Welt zusammenhält«. Sogar das Jenseits ist verbuhlt. Die Engel sind Liebende, Gott selbst hat die Liebe erfunden. Der Götterhimmel schrumpft auf Venus und Cupido zusammen. Diese Gedanken finden sich in den »Hochzeitsgedichten« und »Heldenbriefen«, die den galanten Gedichten einen theoretischen Hintergrund geben. Hofmannswaldau übernimmt sie von seinem Vorbild Giambattista Marino, dessen Liebesepos *Adone* er für ein »Wunderbuch« hält. Das Leben scheint sich auf die Liebe zu verengen, neben ihr gibt es nur noch die Erfahrung der Vergänglichkeit. Die Themenvielfalt von Weckherlin oder Opitz ist verarmt.

Man muß die neue Rolle der Liebe mit der zeitgenössischen Wirklichkeit und Dichtung in Zusammenhang sehen. Der Dreißigjährige Krieg, das schreckenvollste und bewegendste Ereignis des 17. Jahrhunderts, spielt in Hofmannswaldaus Gedichten direkt kaum eine Rolle, obwohl er ihn wenigstens zur Hälfte bewußt miterlebt hat. Er wurde 1616, zwei Jahre vor seinem Beginn, in Breslau geboren. Zwar erlaubte der aristokratische Lebensstil der Familie Hofmann von Hofmannswaldau, sich von den allzu harten Auswirkungen des Krieges fernzuhalten. Christian konnte es sich leisten, von 1639 bis 1641 eine Kavalierstour durch Europa zu machen, mitten im Krieg. Aber das heißt nicht, daß er gar nichts von den Zeitwirren gemerkt hätte. Im *TrauerGedicht bey Absterben eines vertrauten Freundes* läßt er die äußeren Umstände, abgeschwächt, anklingen. Er begann auch schon in den vierziger Jahren zu dichten. Der Krieg hätte also wie bei seinen Altersgenossen Andreas Gryphius oder Grimmelshausen der ständige Hintergrund seiner Dichtung sein können. Daß er es nicht wurde, ist die Folge einer bewußten Entscheidung. Er will der Trauer keinen dauernden und direkten Ausdruck geben.

»Wir wusten das der Blick von traurigen Geberden
Uns nur verächtlich macht / und nichts verbessern kan.«

Traurigsein ist »ärger als der Tod«. Er entscheidet sich für das Thema der Liebe als ein Mittel, den Gedanken an den Krieg, den Krieg selbst zu überwinden. Es ist kein scherzhafter Einfall, sondern ein wesentliches Motiv seiner Gedichte, wenn er den Kriegsgott Mars oder kriegerische Naturen durch die Liebe besiegen läßt. In der *Versöhnten Venus* klagt die Göttin darüber, daß die Welt immer noch mehr auf Mars als auf sie höre. Sie bestraft ihren Sohn Cupido, weil er dem Kriegstreiben untätig zugesehen hat. Nur durch seinen verdoppelten Eifer kann er die Liebe an die Stelle des Krieges setzen. Im Heldenbrief über Rudolph und Ermegarde beschreibt Hofmannswaldau, wie der mit einem

Heer heranrückende König von Burgund durch eine schöne italienische Markgräfin besiegt wird: allein durch einen Liebesbrief. Rudolph verläßt sein Heer und verbindet sich mit seiner ehemaligen Feindin. Die Armeen laufen auseinander.

»Wir wollen mit bedacht des Friedens Oelzweig pflantzen /
Davor der KriegesDorn mit seinen stacheln war.«

Die Liebe sei jetzt sein Krieg, die Walstatt die Geliebte, schreibt Rudolph. Ein alter Topos – die Liebe als Krieg – wird aktualisiert.

Hofmannswaldau reagiert also auf den Krieg, nur in entgegengesetzter Richtung als Gryphius. Er macht die Liebe zu einem der wichtigsten Themen der Nachkriegszeit. Bei Gryphius setzt sich die Verworrenheit der Zeit in die Düsterkeit und Melancholie seiner Dichtung um. Monoton wiederholt er den Gedanken von der Nichtigkeit des Lebens. Selbst die Hoffnungen auf das Jenseits geraten in den Sog der totalen Verschwärzung. Härte, metaphysische Normen, stoische Ideale werden dem Nichts der Welt entgegengestellt. Hofmannswaldau beginnt, dem durch Gryphius und andere Barockdichter völlig entwerteten Leben wieder Terrain zurückzugewinnen. In seinem Wortschatz fehlt das Wort »weltliebend« nicht (Vorrede zu den *Teutschen Übersetzungen und Gedichten*). Er setzt in die entstandene Leere die Sinnlichkeit der Liebe, freilich im Bewußtsein der Vergänglichkeit des schönen Augenblicks. Die Düsterkeit beginnt sich aufzulockern. Die stoischen Ideale treten zurück. Hofmannswaldau neigt zum Ausgleich, sogar über die Grenzen fester Institutionen hinweg. Der Heldenbrief über den Grafen von Gleichen feiert die Ehe zu dritt. Der in türkische Hände geratene christliche Graf belohnt die Sultanstochter, die ihm liebevoll entgegenkommt und ihn aus der Gefangenschaft befreit, mit der Heirat neben seiner bisherigen Frau. Eine für Gryphius doppelt unmögliche Lösung. Gryphius läßt die Christin Katharina gegenüber den Werbungen des Perserschahs Abbas standhaft bleiben und als Märtyrerin sterben. Hofmannswaldau übersteigt die konfessionellen und institutionellen Schranken. Gryphius' Drama *Catharina von Georgien oder Bewährete Beständigkeit* wurde noch während des Krieges geschrieben, Ausdruck der unerbittlichen, kompromißlosen, militanten Gesinnung; Hofmannswaldau verfaßt die »Heldenbriefe« fünfzehn Jahre nach dem Krieg. Der Ausgleichswillen ist groß geworden, freilich so groß, daß er auch feste Normen zu opfern bereit ist. Epikur ersetzt Seneca, Kompromißfreudigkeit Unbeugsamkeit. Hofmannswaldau entscheidet sich für ein anderes Extrem.

Bei dem zweiten Hauptthema seines Werks, der Vergänglichkeit, sind die Beziehungen zu Gryphius enger. Auch für ihn ist die Vergänglichkeit aller Dinge ein Grundgesetz des Lebens und der Welt. Alles ist vergänglich: Zeit, Gedanken, Jugend, Bauwerke, große Staaten, Reichtum *(Die allgemeine Vergängligkeit)*. Die Welt hält nicht Farbe, alle Sachen »werden anders mit der Zeit«, »der Zeit kann keine Zeit entfliehn«. Besonders anfällig gegenüber dem Wechsel ist die Liebe. Schönheit und Lust vergehen, sie sind »blumengleiche Sachen«; »Träume, Buhler, Wind sind gleichen Tuns Gesellen«. Es kommt zu der dialektischen Spannung zwischen Liebe und Vergänglichkeit, die das Werk Hofmannswaldaus charakterisiert. Einerseits wird die Liebe durch das Bewußtsein der Vergänglichkeit gesteigert; denn nichts treibt sie so sehr an wie der Gedanke, daß bald alles vorüber sein wird. Andererseits wird sie aber auch in ihrer Allgewalt entschärft; denn sie ist ja nicht die einzige Realität des Lebens. Man muß beide Gedanken nebeneinanderhalten. Hofmannswaldau treibt die Idee der Sinnenfreude auf eine Spitze, wo sie sich selbst aufhebt und in einen übergeordneten Zusammenhang eingeht. Man hat ihn einen »Spiritualist der Sinnlichkeit« genannt (Friedrich Sengle). Die Vergänglichkeitsvorstellungen kommen am deutlichsten in der vierten und fünften Rubrik unserer Auswahl zum Ausdruck. »Vergänglichkeitsgedichte« ist der einzige Gruppentitel, der nicht zeitgenössisch ist. Er könnte es dem Thema nach aber durchaus sein.

Im Unterschied zu Gryphius hält Hofmannswaldau den Vergänglichkeitsprozeß für einen natürlichen, ja sogar ästhetischen Vorgang. Bei ihm sind naturalistisch-grelle Bilder der Vanitas, wie sie Gryphius liebte (schwarze Schlangen im »weiten Maul« der ausgegrabenen Philosette), selten. Die Lust der Welt vergeht wie ein »Wunderball«, ein »Fastnachtsspiel«, ein »Feuerwerk«. Der Tod ist ein »allgemeiner Schritt« der »Natur«, kein gewaltsamer, schreckenvoller Eingriff. Für Gryphius kommt er als ein Zerstörer, der die Blumen zertritt, der alles einreißt, was aufgebaut wurde, ein Abbild des Krieges. Bei Hofmannswaldau nähert er sich der Schönen mit erotischer Gebärde *(Vergänglichkeit der schönheit)*. Hinter dem Tod steht kein geistig-übersinnliches Jenseits, sondern ein Land, wo »Ewigkeit und Schönheit sich umfaßt«, wo die Lust ewig geworden ist. Manchmal kehrt Hofmannswaldau den Barockgedanken der Vanitas um: nicht nur das Glück ist vergänglich, sondern auch das Unglück. Die Lust kann nicht nur eine Last werden, sondern aus der Last auch eine Lust entstehen. Das Gefälle zwischen Diesseits und Jenseits beginnt sich auszugleichen, die barocke Antithetik sich innerlich aufzulösen.

Hofmannswaldau ist ein großer Ästhet und Formkünstler. Es gibt vor Wieland, Goethe und Heine kaum einen deutschen Dichter mit ähnlich sicherem Kunstverstand. Er geht selten unter ein bestimmtes Niveau. Während bei Gryphius der Unterschied zwischen der kleinen Zahl vollkommener Gedichte und der Masse der übrigen beträchtlich ist, halten seine Gedichte eine gleichmäßige Höhe. Sein Gesamtwerk ist relativ klein. Er versucht sich nicht an den großen Gattungen Drama, Roman, Epos, die ihm nicht liegen. Übersetzungen fremder Werke zählen hier nicht (Guarinis *Getreuer Schäfer*, Théophile de Viaus *Sterbender Socrates*). Er scheidet alles aus, was ihm nicht vollkommen erscheint. Die sprachlichen, rhythmischen und strophischen Formen beherrscht er meisterhaft. Er verwendet allein 66 verschiedene Strophenformen und paßt sie der jeweiligen Aussage an.

Vielfach hat man ihn mit Lohenstein, Kuhlmann, Ziegler und anderen späten Barockdichtern zusammen einen Vertreter des Schwulststils genannt. Schon früh haben sich Gegenstimmen gegen diese Einordnung erhoben (Gervinus, Heinrich Laube). Hofmannswaldau hat einige Gedichte und Gedichtabschnitte geschrieben, die die Kennzeichnung Schwulst rechtfertigen: überhitzte Prunkliebe, Mißverhältnis zwischen Gedanke und Schmuck. In seiner Gedichtsammlung *Teutsche Übersetzungen und Gedichte*, die er in seinem Todesjahr 1679 zusammengestellt hat, gibt es Beispiele dafür, besonders bei den großen Gedichten, etwa dem Hochzeitsgedicht *Der Pallast der Liebe*. Aber sie sind relativ selten. Für einen Schwulstdichter im ganzen fehlen ihm Pathos, prunkende Gelehrsamkeit und Geschmacksunsicherheit. Sein Stil ist mehr dekorativ und scharfsinnig-concettistisch. Er kann das Pathos durch virtuose Sprachbehandlung, rhythmischen Fluß der Verse und Ironie aufheben. Es finden sich bei ihm Schlußpointen, die auf Heine vorwegweisen *(Er sahe sie über feld gehen, Vergänglichkeit der schönheit)*; auch sonst liebt er es, durch Wortspiele, Paradoxien, geistreiche Bilder pathetische Stillagen zu durchbrechen. Auch in diesem Punkt beginnt er sich vom Hochbarock langsam zu lösen.

Besonders auffällig ist diese Entwicklung in den galanten Gedichten, die Benjamin Neukirch seit 1695 in der von ihm anfangs betreuten Anthologie *Herrn von Hoffmannswaldau und andrer Deutschen auserlesene und bißher ungedruckte Gedichte* veröffentlicht hat. Gedichte von Hofmannswaldau befinden sich vor allem in Teil I und II, die folgenden fünf Bände bringen nur noch vereinzelte Nachträge. In den galanten Gedichten herrschen madrigalische Vers- und Strophenformen vor, die Mehrzahl sind »Arien«. Der Barockapparat spielt noch eine Rolle, aber er tritt doch in einigen Gedichten zurück. Die Arie *WO sind die stunden Der süssen zeit*, die man Hofmannswaldau wohl zu Unrecht abgesprochen hat (Arthur Hübscher), ist für diesen Stil charakteristisch. Die Arien sind im Gegensatz zum Typ des barocken Großgedichts kurz, verwenden nur noch selten den prachtliebenden Alexandriner. Mit diesen Gedichten hat Hofmannswaldau die Dichtung der Galanten und in ihrer weiteren Folge die Rokokozeit vorbereitet.

Manfred Windfuhr

INHALT

N I, N II, N VI = Neukirchsche Sammlung, vgl. Benutzte Ausgaben S. 135; Ged. (mit Teilüberschriften) = C. H. v. H. Teutsche Übersetzungen und Gedichte, vgl. Benutzte Ausgaben S. 135.

HOCHZEITSGEDICHTE

HELDENBRIEFE

VERGÄNGLICHKEITSGEDICHTE

GRABSCHRIFTEN